時代如何轉了彎

Taiwan Tsai Ing-wen

蔡英文與臺灣
轉型八年

張惠菁 吳錦勳 李桐豪 著

時代如何轉了彎

——前言

八年來的我們

張惠菁

二〇二三年雙十節那幾天，臺北市在東北季風的影響下，不時下起大雨。但是十月九日的下午，雨倒是停了，路面也乾了。凱達格蘭大道上的牌樓，在灰色的天空下亮著燈，動態變化著今年國慶的主視覺。這年的主題是「民主台灣　堅韌永續」，主視覺的形狀，如一股扭轉連結的線繩。天色更暗下來的時候，開始有人在總統府前席地而坐，等待今年的國慶光雕展演開始。

今年光雕的主題是「致未來的她」。演員陳淑芳擔任口白，介紹出畫家陳進、導演陳文敏、詩人杜潘芳格等等，是女性史角度的臺灣。在片頭和說明摺頁上，「致未來的她」字樣底下，又有「臺灣」兩字，因此看起來，「她」似乎也指涉著臺灣。用女性代名詞來指稱家鄉、國家，是常有的事，但「致未來的她」，明顯跳脫了老派的「母親臺灣」形象。

臺灣第一位女性總統蔡英文的任期，已經來到最後半年了。這八年，臺灣經歷了很大的變化，世界經歷了很大的變化。這棟總統府建築物，前身是日本統治臺灣時期的總督府，一九一九年完工。當時入駐的第一任總督（應該也是早期最後一任武官總督）是明石元二郎。在他之後，迎來連續八位文官總督，但到了一九三九年後，再度由武官出任。戰後，臺灣經歷過一段艱難的時期，社會衝突，經濟不穩，爆發了二二八事件。一九四九年底，蔣介石從成都飛來臺灣。這棟建築物在一九五〇年成為中華民國總統府。

過去有很長的時間，總統府前面的憲兵，頭戴著鋼盔，站在臺灣亞熱帶的太陽底下，頭不轉，眼睛不眨，不出聲，竭盡全力看起來像假人，彷彿他們存在的意義就是作為人形的界樁，區分內外，隔開閒雜人等。但兩年前，府前站崗的憲兵卸下了長年以來的這個形式感，換上了黑色的機能服，變得像真人了。我們在側門邊等待時，一名牆內的憲兵警醒但不失禮貌地問我們什麼事？要找人？有聯絡上嗎？

在訪問中，我們不只一次聽到這樣的描述：蔡英文很關心人身上穿的衣服，待的環境。她改了隨扈的外套，自己也穿。她也改了空軍外套、海軍風衣、陸軍野戰服、警察制服。女總統穿著空軍外套、訪美時著海軍風衣走在空橋上的照片，都被大量轉傳。她也關心人待的環境好不好，看到軍營殘破，就啟動興安專案；看到工業區老舊，就要幕僚規劃產業轉型和進出場機制。不過，在許多樂於指點他人的「大老」眼裡，這些都是小事，不入他們的法眼。社會大眾不只一次聽說過，某某政界大老如何不把她放在眼裡。這本書中提到的某位綠營大老也曾批評她「沒有戰略和願景」、「以解決問題為職志」。

結果在他們眼中只懂解決問題的這位女性，是一位有魄力的總統。她的任內啟動了許多改革。這八年，臺灣在許多方面，發生了轉型。

蔡英文是臺灣民主歷史上的一個獨特人物。在臺灣必須轉型的這段時間，是由她，而不是由其他人來領導，也是個非常特殊的緣分。其實，這本書中所寫的許多事情，並不遙遠，正是我們的「當代史」——這個人，與這個時候的臺灣。

二〇二三年四月，「民主夥伴共榮之旅」蔡英文總統著海軍風衣離開紐約。

她在一九八六年開始參與臺灣對外的經貿談判，那時候她才剛滿三十歲。一九九〇、二〇〇〇年代，她在談判桌上，參與了臺灣嘗試加入國際經貿秩序的這一段歷史。但另一方面，對民進黨史而言，重要的美麗島事件、組黨，她都沒有參與過。她的家人與她自己都沒有受過政治迫害，不曾在臺灣民主化的過程中上街頭、喊口號。她在李登輝的政府中，擔任過行政院陸委會諮詢委員會委員、總統府國家安全會議諮詢委員；在陳水扁的政府中，擔任過陸委會主委、行政院副院長。她到二〇〇四年才加入民進黨。在馬英九傳聞將投入總統選舉時，還曾經有人建議他找蔡英文當副手[1]——可見她的形象，在當時有多麼「不像民進黨」。

結果這樣的蔡英文，在二〇〇八年民進黨最低潮的時候，接下了黨主席。那時她的黨齡才四年。可想而知，她在黨內的領導並不穩固。就如江春男說的，「她的優點是和所有人都不一樣」，深陷陳水扁貪瀆醜聞中的民進黨，需要一個不一樣的領導者。但是一個和所有人都不一樣的領導者，如何領導一個黨？馬英九當選總統後，立即開始一系列與中國的談判。那年年底，陳雲林來臺，民進黨上街頭抗議，黨主席當然也必須參與。擅長談判的蔡英文初次街頭洗禮，就灰頭土臉。似乎是作為會談前協議的一部分，陳雲林所到之處不能出現中華民國國旗，拿國旗站在路旁的群眾被警察強制驅離，國旗被搶下。激烈警民衝突的場面，使國民黨為她冠上「暴力小英」的稱號。幕僚都說，蔡英文對被稱為「暴力小英」超級介意。但，敵人的敵人是朋友，被國民黨稱為「暴力小英」，有可能讓民進黨自家內部懷疑她的聲音少一點。另一方面，「那一次馬英九他們對國旗管制過嚴，變成我們的記憶。」幕僚說。反而是後來蔡英文任內的每年國慶，總有國民黨支持者批評主視覺上「國旗不見了」。

這位街頭經驗有限的民進黨主席，就算他人有些欺生，她卻不受擺布。陳水扁雖然正面臨司法調查，在許多支持者心目中，他還是他們的精神領袖。一次上街頭的場合，臺下的人對著蔡英文喊：「救阿扁！救阿扁！」她本來照稿演講，忽然停下來，對著臺下的群眾說：「各位支持阿扁的好朋友，我有一句話要跟你們說。」後來被視為英派大將的劉建忻，在那時其實也還不那麼熟蔡英文，看到這個情況大吃一驚，心想：「哇，這個主席超有 guts（膽識）！」

蔡英文接著說的話，大意是說：要救阿扁，民進黨必須先站穩腳跟，必須先活下去，強起來。

她用她的方式讓民進黨站穩腳跟。與其他擅長激情演講的領導人不同，她是個「政策控」。二〇〇九年夏天，她啟動了《十年政綱》的討論。從那時起，到二〇一六年上臺執政，這七年的時間，很可能是臺灣民主政治史上最漫長、最持續的在野黨執政政策討論。她的眼睛看向解決臺灣長期的、結構性的問題。她對張景森說：「有些事看起來困難，甚至是不可能，但是目標十年，好好規劃，做正確的分析，訂出策略，慢慢去做，其實做得到。」有一個外界很容易忽略、看不見的政策研究團隊，跨越選戰週期，在小英教育基金會、智庫和民進黨政策會之間運作，進行著重要的討論。隨著這個政策團隊研究的議題，一路擴展，參與的人也越來越增加，在二〇一六年大選之前達到高峰：各領域參與討論、貢獻想法的學者專家有兩百多人，積極參與撰寫白皮書的學者有六、七十人；政策會的政治幕僚有二十多人，每個人都有三到五位密切聯繫的學者專家，隨時可以直接諮詢。經濟轉型、年金改革、長照、衛福、新農業、國防、外交，都在他們政策研擬的範圍之內，以十年以上的時間跨度在思考。那幾年，直到蔡英文的執政，其實是民主臺灣的「大規劃時代」。

這顯然和蔡英文本人的人格特質有關。她是一個講求邏輯、理性的人。她的幕僚告訴我們，遇到失敗的時候，她比任何人都冷靜。二〇一二年她敗選，票數開到確定落選時，幹部都愁雲慘霧，劉建忻說：「她一個人超級冷靜，開始分配任務，交代講稿內容，提醒不能讓支持者喪志，就好像她是總幹事一樣。」當她走到臺上發表敗選感言時，她也比臺下哭慘了的支持者更冷靜，甚至帶著一抹從容的微笑。前次在蔡英文敗選新北市時哭得很厲害的蕭美琴，這次也受了她的影響，影片中可以看到臺上蕭美琴清楚的嘴型，對蔡英文說：「主席，這次我沒有哭。」蔡英文的政治生涯有好幾次谷底回升，往往是在別人覺得沒希望的時候，她還在那裡穩穩做，有一天就翻轉了局面。

臺灣民主化走到了二〇一六年，各方面需要轉型的時候，是這位在談判桌上特別清明，擅長長期規劃的人成為總統，應該是我們獨特的機運。在臺灣，去殖民、民主化的歷程是漫長的。總統府原本是日治時期的總督府，很長時間是外來統治者的辦公室。「國家」曾經是一種威權，是統治者，甚至壓迫者。民主化之後呢？國家的角色應該是什麼？到了蔡英文的總統任期，這些問題需要被更深刻地思考。國家已經不是外來者了，但是，我們作為一個民主的國家，卻浮現更多需要共同面對的課題：低薪結構、產業困境、高齡化社會、年金破產、電力與基礎設施嚴重不足，當然還有全世界都面臨的氣候危機、地緣政治、數位極權威脅。其中不少是即便反對黨，也認同應該做的。就像馬英九也曾公開說，需要年金改革，只是他的任內沒有達成。而蔡英文在任內啟動了年改，也有了初步的成果。

她是個擅長找到最大公約數的人。一位幕僚說：「你注意到嗎？她說話的主詞是什麼？是『我們』。」江春男也說，她是經貿談判律師，不是法庭上的辯護律師，所以她看重的不會只在於證明對方錯，而是要找到可以往前進的方法。她在執政八年的最後一次國慶致辭中，先感謝反對者：感謝同婚反對者的包容，讓更多人可以成家；感謝公教人員對年金改革、勞工對勞保尚未完備的體諒，讓國家可以往前進一步。她有點像一個當家者，知道這個家有為了存續必須做的事，但不會去否認反對方也是這個家的一分子。她的「我們」的邊界是開放的，不將反對者排除在外。

不過，臺灣畢竟是一個意見分歧、人民不容易滿意的地方。臺灣在國際上的位置，也使得各方都在觀察她、傾聽她傳遞的訊息，她的每一次重要演說，都必須預設有國際社會、美國、中國這些隱形的聽眾。一路走來反對者眾、檢驗者眾，她似乎仍有這樣的信心，沒有放棄理性說服。彷彿她與所有人一起坐在談判桌上，就算形式再不利，還是她擅長的主場。

二〇一九年四月九日，蔡英文總統於總統府召開記者會。

人活在這世界上，一個重要的問題是「我」是誰。據傳，古希臘德爾菲神廟上銘刻有這樣一句箴言：「認識你自己」。

這個問題聽起來簡單，其實也有難以掌握的一面。在無數讓我們看不清楚自己面貌的原因當中，其中之一或許是：「我」從來不會只是我，而是與「我們」、與群體交織在一起的。我們能否認識自己，與我們能否看清我們所在的群體、所生活的世界，與時代的走向，不免都有關連。

在寫這本書時，我們三個作者不時會感受到：正在寫的這件事，其實才不過是七年前、四年前、甚至不過是一年前的事啊！怎麼好像已經過了很久。許多事情，當時吵得不可開交，也過去了。甚至，時代就這樣轉過去了。這八年是變化劇烈的八年，甚至在一些領域是髮夾彎轉向的八年。生活在當代臺灣的我們一起經歷了這八年。

「我們」當中，有一個「她」，是一個特別的人物。女性，處女座，愛貓，很關心別人衣服穿得合不合身、住得好不好，失敗時特別冷靜，困難的事用十年來思考，在谷底也不放棄……。

有這種種特質的她，是否帶著臺灣從谷底走出了呢？是否讓臺灣在這世界上有了一個不同的位置、一些不同的方向？是否讓這個向來充滿紛爭歧見的島嶼，有了一個更大的「我們」呢？——在我們彼此之間，也在世界與我們之間。在容易遺忘的時代，過去八年，我們究竟一起經歷了一段怎樣的旅程？

這就是這本書試圖說出的故事。

1. 《TVBS新聞網》報導：〈蔡英文當副手？ 馬：謝謝大家建議〉http://news.tvbs.com.tw/politics/322734（二〇〇七年六月一日，最後更新二〇一六年五月十六日）。

（攝影林俊耀，鏡週刊提供）

愛與人權的地鳴

婚姻平權故事

張惠菁

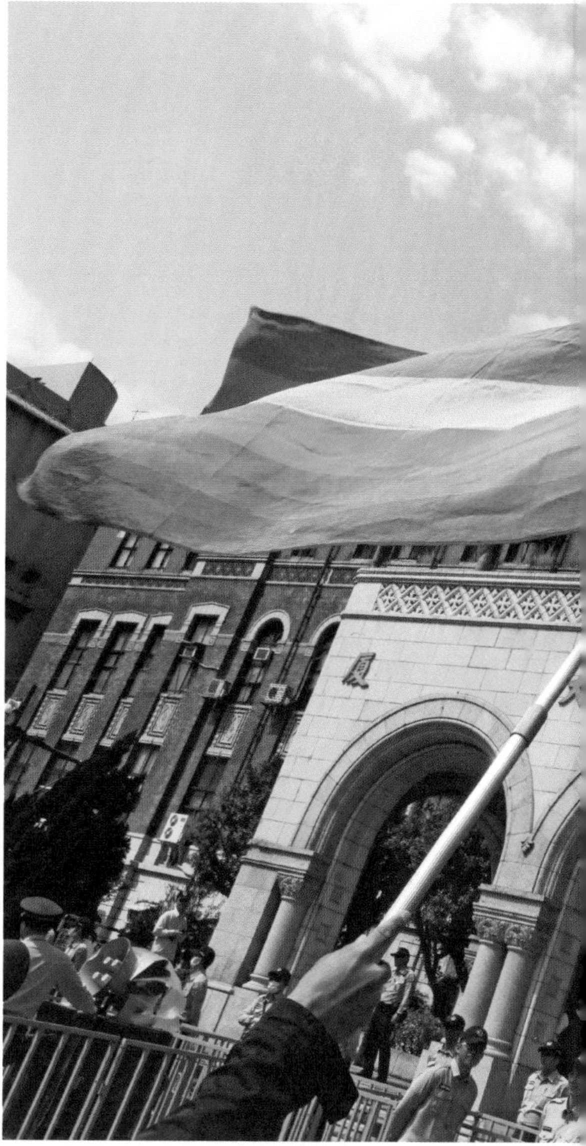

二〇一二年底的某一天，蔡英文在車上，和她的隨行祕書羅融有一段對話。

那年年初的總統大選，蔡英文敗選，辭去黨主席，因此此時她身上沒有正式公職，競選辦公室也已經解散，身邊從選前環繞著黨務主管、競選團隊、基層志工等幾百個人，一下子縮編到只剩五、六個工作人員。由這五、六個人身兼數職，替她處理行程，回應新聞採訪。羅融便是這段時期的工作人員之一。

雖然許多人仍然預期蔡英文會在四年後再出來選總統，不過敗選這一年，對她或許是一段難得的「gap year」也說不定。次年，她在江春男等人的協助安排下，走訪了印尼、印度、以色列，還有美國矽谷。

沒有公職在身，反而給了她許多方便。她在印度搭火車旅行，和當地學者、記者、知識分子見面；在印尼拜訪臺商；在以色列參觀創新產業，拜會國安人員，也去了約旦河西岸；到美國拜訪矽谷科技新創圈，認識臺裔創業者。這些都不是正式的訪問行程，更像一趟趟的自助旅行。例如在印度，同行的江春男說，一行五人住的旅館很普通，街道很髒，吃的東西也很尋常。蔡英文是第一次去，事事都好奇，愛上了那個國家。她和當地知識分子聊得很投機，甚至說自己可以一直住在印度。江春男觀察她和行李搬運工、勞動者的互動，得出結論說，她不是個大小姐，有同理心；看著她在旅途中的作息，發覺她身強體健，有韌性。

二〇一二年底，無職的蔡英文也在臺灣旅行。先是展開謝票行程，拜訪地方政治人物，又走訪臺東、蘭嶼、恆春半島、高雄那瑪夏區達卡努瓦部落，也參觀了許多社福機構。她的眼睛看到許多正在發生的變化。這年底，伴侶盟發動了「多元成家，我支持！」的連署活動，歌手張惠妹、蔡依林、舒米恩、安溥、作家陳雪等人都參與了連署。支持同婚的聲勢非常浩大，特別是年輕世代。

有一天，在拜訪地方政治人物的行程中，羅融在車上向蔡英文提起這個連署。當時車上還有一位民進黨的傳統地方政治人物，他加入對話說：「不好吧！社會上反對的聲音很大。」但是在這位地方大老下車之後，羅融繼續和蔡英文討論，蔡英文問了她一些問題後，點點頭說：「好，那就發。」蔡英文連署，也在臉書上發文，邀請大家一起參與。

那應該確實是蔡英文自然而然認同的想法。她在沒有公職身分，無職一身輕的「gap year」裡，表達了對同婚的支持。

不過，那時她很可能沒有意識到，反對的阻力有多麼大。

「她最大的優點，是和所有人都不一樣」

蔡英文是一個非典型民進黨的政治人物。

江春男說：「她最大的優點，是和所有人都不一樣。」她沒有政治野心，沒有企圖心。一開始她甚至不了解黨外、民進黨的歷史，經常搞不清楚誰是誰——江春男作為從六、七〇年代起，就以一名內部旁觀者的角度，經歷過臺灣民主化歷程的人，會時時給蔡英文一些提醒。

但這個空白，也是她的優點。因為當時（二〇〇八年，陳水扁任期結束，謝長廷、蘇貞昌搭檔競選正副總統失敗），「大家對民進黨那種聲嘶力竭、民主的吶喊，已經很厭倦了。」[1] 蔡英文是一個完全不同型的人。「她的優點是理性，很願意跟人討論事情，很喜歡問問題，不喜歡講自己。這跟其他政治人物都不一樣，因為政治人物都喜歡講自己。蔡英文問問題，也是在跟自己辯論。而且她財經知識、談判技巧、國際經貿知識，比當時許多民進黨政治人物好，又沒有民進黨張牙舞爪的壞習慣。」江春男說出他的觀察。

正因為蔡英文跟民進黨這麼不同質，在二〇〇八年，民進黨最低潮的時候，有許多人覺得必須要有一個不同的領導者，她便成了他們的寄望。後來蔡英文在書中只低調地說，姚人多建議她出來選黨主席。其實當時不只姚人多，還有不少人到她家裡去，拜託她出來選。

她接下了危機中的民進黨，逐步帶領著民進黨走出低潮。但是民進黨最草根的一面，卻未必跟她融合得很好。江春男觀察到的「她和所有人都不一樣」，雖然是她最大的優點，後來也一度帶給她很大的危機。

接任黨主席後，她用她擅長的「理性討論」來帶領民進黨。二〇〇九年開始《十年政綱》[2]的討論，二〇一一年公布政綱，之後又陸續發布各個領域的白皮書。二〇一二年落選之後，「gap year」的蔡英文除了在國內外旅行外，也不是真的放空，她在小英教育基金會繼續政策討論。幕僚們說她是「政策控」。

有時在各種議題討論的間隙，蔡英文會對身邊的人說出她的感想。幕僚常聽到她說的一句話是「Second is Best」。羅融說：「她常常認為『Second is Best』。在改革中，最後能夠實現的，常常是第二好的事情。她說，最好的往往會有很多人反對，會被批評『太理想性』、『不符現實』……最後折衷協調，能夠大家一起往前跨一步的，常常都會是第二個。但不是說我們就不提最好的，而是我們心中會知道，可能最後能夠往前走的，會是次好的。」

《十年政綱》中提到「尊重不同性傾向者的人權」[3]。其實蕭美琴在二〇〇六年就曾經提過同婚法案。二〇一二年總統大選，蔡英文雖然沒有當選，但民進黨不分區立委中有蕭美琴、尤美女、鄭麗君，她們在任內成為推動同婚的重要推手。民間團體也早已蓄勢待發。立法院內院外有了互相呼應、推動立法的條件。

但呼聲越高，反挫也越大。在婚姻平權方如火如荼展開連署的時候，反挫的力量也開始集結。二〇一三年九月，多個宗教團體組成了「台灣宗教團體愛護家庭大聯盟」（簡稱「護家盟」），也發起連署，也走上凱達格蘭大道，成為接下來幾年反同婚勢力最重要的代言者。

議題浮現，帶著歧視的、刀劍般的語言也浮現。作家瞿欣怡回憶，有一天她在當時任職的媒體，看到同事、也是作家的黃麗群走進辦公室時，整個人氣到全身發抖。原來黃麗群搭計程車，遇到的司機一路滔滔不絕發表反同言論。看到黃麗群那麼氣憤，令瞿欣怡感到一絲溫暖。瞿欣怡說，那段期間身為同志，聽過各種各樣荒謬到可怕的指控，但是，正因為那些歧視太赤裸，「也會開始看到身邊的異性戀朋友，他們無法容忍同志朋友被人這樣說。」

尤美女首先在二〇一二年提出一個較簡單的《民法親屬篇》修正案版本。鄭麗君也在二〇一三年主提「伴侶盟」版本的修正案。但是，這道立法的門檻，始終無法突破。

長長的隧道，快到盡頭了嗎？

二〇一五年十月十六日，蔡英文競選團隊推出彩虹悠遊卡，一萬八千張在十五分鐘內售罄。

同年十月三十一日，同志遊行當天早上，蔡英文發表了「在愛之前，大家都是平等的。我是蔡英文，我支持婚姻平權，讓每個人都可以自由去愛，追求幸福」的影片，成為第一位公開表態，支持同性婚姻的總統候選人。蔡英文的競選總部外牆，用LED投射出彩虹燈光，呼應同志的遊行訴求。

彩虹投影、愛與幸福的訊息，好像帶給肅殺的大選一種難得的繽紛氣氛。但私底下蔡英文開始接到嚴重的關切電話，泛綠營中反對同婚的聲音、特別是教會群體開始表露不滿，蔡英文在檯面下承受的壓力不小。

次年一月，蔡英文高票當選總統。民進黨在立法院也獲得了絕對多數的席次。當時擔任總統文稿小組召集人的李拓梓回憶，一位年輕的後輩范綱皓興奮地問他，現在蔡英文當選了，同婚是不是就要實現了？李拓梓回答，他覺得不會這麼快，可能要十年，「當時他看著我的眼神，彷彿我是什麼……頑固的老人。」李拓梓會說出「十年」這個數字，大概多少反映了他的直覺：同婚這件事情，要在民進黨內部達到共識，還有一大段路要走。

尤美女開始準備法案，拜訪各地同志社群，徵詢意見。同志社群也組成「婚姻平權大平台」[4]，以更細緻的方式，掌握政治議程。召集人呂欣潔曾經代表社民黨參加立委選舉，政治經驗較豐富，她認為，不能把所有的希望與壓力都放在一兩位委員身上。「我們當初設定了一個很清楚的目標，就是我們不希望這個議題變成藍綠對抗。因為它如果變成藍綠對抗，會有很大一部分的臺灣

二〇一五年十月十六日，蔡英文於社群媒體貼出影片，是首位公開支持婚姻平權的總統候選人。

社會民眾沒有辦法說服。所以我們團隊花了很多的力氣，在跟國民黨、跟時代力量的委員，跟黨團、跟政黨溝通，建立關係。」

民進黨年輕一輩的幕僚，也想推動同婚。當時擔任總統府副祕書長的劉建忻回憶：「可能是在二〇一六年十月左右（也許是同婚大遊行前夕），在一個幕僚每週固定的午餐會議中，一份同婚的民調引起了大家對此事的注意。記憶中這份民調顯示，同婚的支持大約四成，高於反對者三成，其餘未表態。這個數字讓年輕幕僚以為『事有可為』。」

劉建忻回憶當時幕僚群對民調數字的理解，與後來發展態勢相對照：「當時對民調的解讀，正確的部分是：越年輕的人越支持，顯示這是未來趨勢。但我們沒有思考到，這是一份在沒有任何社會討論下做出的民調。事後證明，當議題文宣戰啟動，沒有好的策略與隊形，未表態的都往反對方挪移，形勢逆轉。而且當時民調中被忽略的另一個現象是：反對者中，非常反對的高於有點反對；支持者中，非常支持的低於有點支持。也就是說，反挫的力量會相當大。這也表現在後來宗教團體激烈的反彈、和內容超級誇張的訊息宣傳上。」

呂欣潔同意這個「後見之明」的分析。蔡英文一開始加入連署，與競選期間公開支持同婚，並不是同志團體遊說，而是自發的行為。雖然獲得候選人支持是好事，但呂欣潔也指出其中的隱憂：「他們不了解反同方，不了解反同方多有力量，如果沒有做好準備，就是會被壓著打。」

其實此時，民進黨中對於同婚的看法，大致分裂為：民法派、專法派、反同派。民法派認為，同志應該與異性戀者擁有一樣的婚姻權，專法是一種歧視，尤美女即是力主修《民法》的人之一。民進黨的立法院總召柯建

二〇一六年十一月二十四日，立法委員尤美女於同性婚姻修法公聽會上發言。（攝影：賴智揚，鏡週刊提供）

銘認為，從務實的角度看，專法才有可能通過。但在主張（或說可以接受）專法的人當中，又有各種聲音：主張必須讓同志也能平等使用「婚姻」二字的；還有希望同志不要用「婚姻」二字，用「伴侶」、「同性結合」來指稱的。民進黨中的反同者也不少，除了教會保守人士外，還有宮廟。南部的區域立委雖然不一定反對，但唯恐支持同婚會帶給對手抹黑他們的機會。民進黨草根保守的一面，在同婚這件事上特別顯露出來。執政黨遲遲無法決定推動婚姻平權的方式，甚至是此時才驚覺，黨內對同婚議題的對話，並沒有真正展開過。就跟整個臺灣社會一樣，年輕一代的理解，與草根保守陣營有巨大的差別。

那年十月的同志遊行前夕，長年旅居臺灣的法國人畢安生（Jacques Picoux）從十樓住處墜樓辭世，經判定為自殺。畢安生與同性伴侶共同生活三十五年，但因為沒有婚姻，在伴侶辭世後，無法繼承雙方共有的財產，使得他既必須承受伴侶離去後的孤獨，生活也陷入困境。畢安生曾在臺大外文系任教，也為不少臺灣電影翻譯字幕，是將臺灣新電影介紹到歐洲的重要推手。他的辭世，令同志社群再一次意識到：由於婚姻不受法律承認，他們的人生規劃長期受到損害，同婚必須要過。

從上一屆立委任期起算，已經為立法奮戰了四年的同志們，開始質疑蔡英文上臺七個月以來什麼也沒做，網路上出現「騙票」的聲音。羅融就聽過許多這樣的聲音。她坦言，當時她也覺得民進黨應該要更有力地推動同婚，但她不認為蔡英文是騙票，她會在心裡為蔡英文辯解。這樣的拉扯，使她選擇離開總統文稿小組。

十月二十四日，尤美女提出《婚姻平權民法修正草案》，有跨黨派超過三十位立委連署。時代力量黨團、國民黨立委許毓仁也分別提出他們的版本。十月二十九日同志遊行當日，有八萬人走上街頭。民進黨內，總統府副祕書長姚人多認為一定要表態支持，堅持向蔡英文提議，請她發文。蔡英文貼出蕭美琴在花蓮拍到的一張山邊彩虹照片，說自己今年雖然身分變了，但是相信的價值沒有變。這一天，《報導者》寫道：「許多人都認為這是臺灣最接近婚姻平權的一刻。」

但是兩週後的十一月十七日，立法院司法法制委員會審查婚姻平權草案時，反同人士動員兩萬人包圍立法院。尤美女在司法法制委員會的主席臺上，被國民黨立委包圍，要求先召開三十場公聽會才能排審。兩黨相持不下，溝通卡關，下午才在同志團體的努力下達成協議：兩黨各辦一場公聽會，並且在當次會期中將法案審完，送出委員會。就在這時刻，抗議者闖進立法院，警衛趕忙過來提醒尤美女，再不離開會有危險。尤美女在警衛護送下匆匆離開，走到走廊上時，抗議者已經衝到她的身前。這天，法務部表示已經在研議《同志伴侶法》專法，但這是尤美女與婚姻平權方感到難以接受的。

這一年的年底，反同婚、同婚兩大陣營，各自站上凱達格蘭大道。十二月三日是「幸福盟」的「百萬家庭站出來！婚姻家庭，全民決定」活動，主辦單位稱有十萬人上街頭。一週後的十二月十日，「讓生命不再逝去，為婚姻平權站出來」音樂會，主辦方評估有二十五萬人參加。十二月二十六日，在加開完兩場公聽會後，立法院司法法制委員順利會將《民法》修正案送出委員會。反同團體先是包圍立法院，後來又衝到總統府外，進入府前廣場，要求見總統。

社會的裂口已經澈底暴露出來。其實此時除了同婚，還有年金問題，蔡英

二〇一六年十二月十日，台灣同志諮詢熱線、同志家庭權益促進會等團體在臺北市中正區凱達格蘭大道舉辦「讓生命不再逝去，為婚姻平權站出來」音樂會，參與人潮眾多。(攝影：賴智揚，鏡週刊提供)

文的第一個任期，從第一年起就非常不平靜。幕僚回憶，蔡英文的態度是：「在同婚推進的同時，兼顧不要讓社會因此撕裂，升高仇恨值。」教會代表頻頻要求見總統，但是總統不能只見一邊。她對幕僚說，安排一天，她想與雙方都見面，直接面對贊成與反對的人。

二〇一七年二月十八日上午，反對同婚的教會代表來到總統府。黃重諺形容，有一種「六大門派圍攻光明頂」的感覺。臺語教會與國語教會手牽手走進總統府——教會代表們自己都說，原本這是絕對不可能的，因為臺語教會大多偏綠，國語教會大多偏藍，政治立場不同，原本是各走各的路。但是在同婚這件事上，他們說：「總統，妳讓我們教會團結起來了。」教會代表們熱情地抒發著他們一生的信仰。

下午，來的是幾個同志家庭，有爺爺奶奶、爸爸媽媽與同志子女，還有收養子女，五、六個家庭一同來到總統府。他們想表達的是，同志也有家庭，他們的家庭價值一樣重要，即便他們的家庭，與早上教會的人定義不同。他們也談到被歧視的經驗，希望國家能從法律上保障他們的權益。

每一方都講了四個小時。林鶴明說出他那天的感受：「那天結束之後，我離開總統府時天已經黑了，我已經頭昏腦脹了。因為你同時聽到臺灣最極端的兩個論述，在同一天，而且是每一方四個小時的洗禮。我忽然間有一個心得：『天啊，這件事情好像也沒誰一定對或一定錯，那誰要決定呢？』我覺得，小英就像站在三角形最上面的那一個人。我們社會是有很多層面、很多問題可以在下面解決，但是到了最後一刻，還是沒有辦法解決的時候，剩下的那個人就是她了。大家都看著在頂點的那個人，兩邊都想告訴她，他們對這件事情的想法，但是沒有另外一個人可以幫她決定。所以李登輝前總統就說過：『當總統要對孤獨感有深刻的體驗。』」

……

但是，她不是一個人

不過，臺灣畢竟是一個民主的國家，所以蔡英文終究不會是一個人，事情也不會只由她決定，尤美女、呂欣潔等許許多多的人也在同步努力著。而且，有另一股影響局勢的力量，已經就緒。這股力量，是由前任總統馬英九與現任總統蔡英文，經由合法程序、通過代議民主而任命的。

李拓梓回憶，執政的第一年，年改、同婚，每件事都困難重重，每天都被盯得滿頭包。有一天他在傍晚時分走出總統府去吃晚飯，抬頭看到總統府剛好被一道完美圓弧的彩虹籠罩在其中。「我馬上在群組裡跟同事說，趕快找攝影官出來拍！」同事們正在忙，奇怪他為什麼非要在這時候拍彩虹不可。「不管啦，趕快拍下來，總有一天用得到。」總有一天，不知道什麼時候，不知道從哪裡突破，不過就是總有這一天的——當時他應該是這樣想的吧。

結果這個突破，就從中華民國的最高憲政單位，大法官會議而來。

二〇一六年十月底，有五位大法官任期屆滿。九月，蔡英文依總統職權，提名司法院正、副院長，加上五位大法官，總共七位新任大法官。她提名許宗力為司法院院長，蔡炯燉為副院長。

十月二十五日，立法院行使人事同意權，通過了司法院正副院長與大法官的任命。新任大法官在十一月一日就職後，十五位大法官會議中，有八位大法官為馬英九提名，七位為蔡英文提名。

二〇一七年二月十日，司法院受理了祈家威、臺北市政府的釋憲聲請。三月二十四日，憲法法庭開庭，言詞辯論在司法院網站上公開直播。

「在那次言詞辯論的時候，你就會看到，真的是真理越辯越明。」尤美女說，當時雙方都找了鑑定人，反同方主張，這是一個制度，不是人權，不屬於大法官釋憲範圍，所以大法官應該拒絕受理，讓它回到立法院。但是另一位鑑定人，臺大法律系特聘教授張文貞則說，「到底是不是屬於人權」這件事，有誰能解釋？當然就是大法官。大法官應該解釋婚姻到底是不是基本人權的一部分。如果是基本人權，就必須被保障。怎麼保障，才是屬於立法院的權限。

透過直播，憲法法庭言詞辯論將一個民主國家更高層次的思考，帶給了社會大眾。

五月二十四日，司法院公布大法官「釋字第七四八號解釋」。十五名大法官之中，必須三分之二（十位）贊成才能通過。黃瑞明大法官因與尤美女是夫妻，而迴避未參加表決。最後，十四名參與表決的大法官，通過第七四八號釋憲案。

大法官「釋字第七四八號解釋」認定，《憲法》第二十二條保障人民婚姻自由，第七條保障人民平等權，同性婚姻也應該受到保障。釋憲案公布的兩年內，有關機關應完成立法。「至於以何種形式達成婚姻自由之平等保護，屬立法形成之範圍。逾期未完成法律之修正或制定者，相同性別二人為成立上開之永久結合關係，得依上開婚姻章規定，持二人以上證人簽名之書面，向戶政機關辦理結婚登記。」

同志數十年來爭取婚姻平權，在這一天獲得了重大突破——大法官會議釋憲案效力等同《憲法》，因此《中華民國憲法》保障同性婚姻。

不過，問題並沒有完全解決。大法官釋憲，決定了必須給予同性婚姻法律保障。但是是修《民法》，還是立專法？仍然沒有答案。爭議繼續進行著。五月三十一日，尤美女召集釋憲案通過後的第一次朝野協商，但是國民黨、親民黨都沒有出席。大家仍然不知道要怎麼做。

反同方立刻開始發動反制，歧視性的話語和假消息再一次如野火燎原，且立即找到一個可用的工具，就是公投。

早在二〇一七年十二月，《公投法》通過時，尤美女就有所擔憂了。她說：「在修公投的時候，我反對把門檻降得那麼低。我跟他們說，這麼低的話，第一個被提出公投的就會是同志婚姻。」呂欣潔也說，當時她真的很不希望看到同婚付諸公投：「因為全世界所有的研究都指出，這整個過程甚至結果，對同志社群的身心健康，影響會非常非常地大。尤其青少年同志，那個創傷經驗，甚至會留存在他們的生命裡面很長一段時間。」她說：「很多人活在他們的世界裡面，他們看不到，同志社群中其實有很大一塊是很脆弱的。能出來講話的，都是過得比較好的。有很多人沒有資源，爸媽不能接受、被家暴、在學校被霸凌，沒有人能幫他們，這種社會的影響，對他們的創傷是非常地深。我是一個社工，我絕對不會拿這個社群的身心健康來做賭注。」

即使尤美女與呂欣潔憂心忡忡，公投還是成案了。

二〇一八年公投，與婚姻平權有關的共有五案。首先是關於婚姻的三案。公投第十案：「你是否同意民法婚姻規定應限定在一男一女的結合？」第十二案：「您是否同意以民法婚姻規定以外之其他形式來保障同性別二人經營永久共同生活的權益？」與第十四案：「您是否同意，以民法婚姻章保障同性別二人建立婚姻關係？」

其次是關於性別平權的兩案。第十一案：「你是否同意在國民教育階段內（國中及國小），教育部及各級學校不應對學生實施性別平等教育法施行細則所定之同志教育？」和第十五案：「您是否同意，以『性別平等教育法』明定在國民教育各階段內實施性別平等教育，且內容應涵蓋情感教育、性教育、同志教育等課程？」

公投之前，同婚與反同雙方全力動員集結。然而投票結果，正好與婚姻平權陣營在投票前大力宣導的方向，完全相反。第十、十一、十二案獲得通過，十四案與十五案遭到否決。

看著與自己投下相反意見的人口數字，這一天性別平權運動者感受到了極大的挫敗。彷彿多年來的努力，就在一日之間被冷冰冰地否定了。距離二〇一六年，那被稱為「臺灣最接近婚姻平權的一刻」，已經兩年了，歷史似乎不進反退。

同一天舉行的縣市長、縣市議員選舉，民進黨也遭受大敗。蔡英文請辭黨主席。

跌到谷底：「這是臺灣的人權法案」

從兩年前立委選舉，民進黨拿到超過百分之四十五的票數，到這年底，民進黨在縣市長與縣市議員席次上大幅失守，支持者對蔡英文的信心似乎大為動搖。

蔡政府執政兩年多，臺灣絕稱不上平靜，年金與同婚是兩大社會衝突點。韓國瑜在二〇一八年底選舉中，打著「庶民」、「賣菜郎」等旗幟，當選高雄市長。「韓流」吸收了反對陣營的最大值，聲勢正盛。韓市長選總統的呼聲不斷。

韓流兵臨城下，民進黨支持者湧現濃濃的「亡國感」，對兩年後的總統大選焦慮不已。在亡國焦慮中，許多人開始把改革的優先順序，排到勝選之後。這個時刻，恐怕是民進黨支持者對臺灣民主信心的最低點。

民進黨在一週內展開了敗選檢討之旅。第一站是高雄——一個傳統上偏綠，但這次民進黨卻輸掉市長之位的城市。因為要傾聽基層支持者的聲音，他們來到民進黨支持者比例最高的三民區寶珠溝。臺上是蔡英文、陳菊、敗選的市長候選人陳其邁，與高雄的八個區域立委。臺下有一兩百人，是黨員、里長、幹部。一開場，支持者就砲火隆隆。「就各種罵，那是罵到臭頭。」當天在場的林鶴明說：「那是韓流最強的時候，現在感覺好像過很久了，但那一刻是陳其邁輸給韓國瑜的慘烈時刻，八個立委在那邊，當然都是先鞠躬道歉。大家一起鞠躬道歉。」

支持者罵得凶，罵得急，意思是希望他們要趕快改，不要再輸掉總統大選。對於同婚，支持者大多是一句話：「恁就無代無誌，去舞這條！彼敢有票？共你說莫舞就好！」

和這些基層聲音相呼應的，是網路上也會開始看到一些民進黨的支持者，因公投結果而動搖：「不保住臺灣的民主，什麼自由都不必說了」，主張民進黨不要再碰敏感的同婚議題。尤美女、呂欣潔都被抓戰犯，呂欣潔說，那時最傷心的，就是被說成是「中共同路人」。

亡國焦慮暴露出：蔡英文的理念、支持同婚的年輕幕僚，與民進黨最死忠的草根基層之間，其實還存在著鴻溝。蔡英文作為一位「和大家都不一樣」、有史以來最不像民進黨黨員的黨主席，暫時還沒有辦法在同婚等價值觀上，讓基層也成為她的同溫層。蔡英文的優點是「不一樣」，但在敗選的此刻，她又有點「太不一樣」了。開始有人質疑她能否代表民進黨贏得二〇二〇年總統選戰。

然後蘇貞昌就上場了。

敗選後，行政院長賴清德請辭。放眼望去，資歷、經驗，足以在這個危機時刻出任行政院長的，只有蘇貞昌。在許多人眼裡，蔡、蘇之間是有過競爭的。這兩個人的性格也完全不同，蘇貞昌熱（粗）情（魯），蔡英文理（沉）性（悶）。蘇貞昌曾經是蔡英文的頂頭上司，蔡英文在扁政府中擔任行政院副院長時，院長就是蘇貞昌。謝蘇配在二〇〇八年總統大選大敗，蔡英文在危機中接起民進黨擔任黨主席。二〇一〇年縣市長選舉，蘇貞昌搶先公開將參選臺北市長，令蔡英文順勢參選新北市。但二〇一八年底，蘇貞昌在明知選情不樂觀的情況下，還是接受徵召，回鍋參選了新北市長，敗選後他淋雨謝票，蔡英文與陳菊在總部迎接他。外人眼中或有或無的競爭關係，在這麼長的時間中，想必不斷變化著。無論如何，蔡英文這時已經沒有太多選擇了。

二〇一九年一月十一日，蘇貞昌組閣，把在高雄敗選的陳其邁找來擔任副院長。被對手嘲諷為「失敗者聯盟」。

但失敗者聯盟是「知道不能再輸」的聯盟。穩住的方法，不是放棄掉深綠支持者口中「無代無誌，去舞這條」的同婚，反而是一定要實現。

另一方面，對婚姻平權的支持者而言，公投結果雖然不是他們最佳的選擇，卻也成為往前跨步的契機。原本民法派、專法派，遲遲無法達成共識。現在公投結果排除了修《民法》，公投第十二案「以民法婚姻規定以外之其他形式來保障同性別二人經營永久共同生活的權益」通過了。因此，正是公投結果，使得執政黨可以放下之前相持不下的爭論，專心推動修專法。

多年擔任蘇貞昌核心幕僚的李懷仁，被徵召進入行政院，擔任行政院副院長陳其邁辦公室主任。才到職就為了防堵非洲豬瘟，忙得團團轉。但他還被賦予一個重點任務，是要在大法官會議規範的兩年期限內，通過同婚專法。

一邊準備法案，一邊也要固票。李懷仁回憶，他和陳其邁到柯建銘辦公室算票，第一次算出來，最多只能拿到三十一張贊成票。當時他們三人想過一個「簡單多數」的方法。在立法院的一百一十三名委員中，只要有過半數（五十七名）委員出席，該次會議的決議就被視為有效；在這五十七名委員中，拿到超過半數（二十九票），就是「簡單多數」。當時他們想，要在一百一十三名委員中拿到五十七票非常困難，但是簡單多數二十九票相對簡單。假使有些立委實在無法被說服投下同意票，就勸說他們不要出席，以此達到簡單多數，讓法案過關。

但是當陳其邁與李懷仁回到行政院，向蘇貞昌報告時，蘇貞昌不接受這個作法。「他說，這是臺灣的人權法案，用這種方式通過，沒有正當性，未來會留下無限的爭議。」李懷仁回憶。

那就只有一條路了，就是去說服，把反對票變成贊成票，直到贊成票多過反對票為止。「就開始打電話。」李懷仁說。從蔡英文、蘇貞昌、柯建銘，全部開始動員。蔡英文分配固票任務，誰負責哪些票，向各派系傳達下去。

既然蔡英文都已經親自固票，大部分綠營立委也開始軟化，表示既然這是總統的政策，他們也願意支持，但是，他們提出一個請求：法案的名稱，可不可以不要叫「同性婚姻法」？他們害怕對手會運用社會偏見，對他們發動攻擊。希望法案名稱能考慮到這點，讓他們面對傳統選民時，受到的衝擊小一點。

蔡英文把「想出法案名稱」的任務交給幕僚。經過幾個星期腦力激盪，有一天，當時的總統府副祕書長劉建忻忽然靈光一閃。他想到臺灣在二〇〇九年通過「兩公約施行法」。「兩公約施行法」，即《公民與政治權利國際公約及經濟社會文化權利國際公約施行法》的簡稱，這是臺灣簽署聯合國《公民與政治權利國際公約》、《經濟社會文化權利國際公約》後，為了進一步在國內推動相應的制度，而修訂的法案，法案名稱就以兩公約為名，簡稱「兩公約施行法」。那麼同婚法案，既然是為了實現大法官會議「釋字第七四八號解釋」而修的法，為什麼不就叫做《司法院釋字第七四八號解釋施行法》呢？

劉建忻私下問了幾位法界的前輩。「他們的反應很一致：聽完先噗哧笑出來，皺著眉頭猶豫著思索，發出『欸——』這樣的聲音。我說：『不要回答我這個名字好不好，我當然知道這不夠好，但你只要跟我說，有沒有不可以。』還居然每一個都跟我說『倒是沒有不可以』，然後又追加一句『別說是我說的』。」

這個法案名稱，獲得總統與行政院長的採納。行政院邀請立委到院裡晚餐會議，事先說了要討論同婚法案。立委們來的時候，多少有些惴惴不安。當蘇貞昌講出這個法案名稱時，所有人都鬆了一口氣，現場再也沒有別的意見了。

在同婚這件事上，民進黨總算有了一些「黨內共識」。

……

那歷史性的一天，你在哪裡？

二月二十日，蘇貞昌發布了一支影片，向全國人民說明《司法院釋字第七四八號解釋施行法》。次日，行政院院會通過法務部提出的《司法院釋字第七四八號解釋施行法》草案，送立法院。

這支影片中，蘇貞昌做出了有力的陳詞：「大家都知道，人類社會是不斷進步的，以前窮人、女人、黑人都曾經被歧視很長的一段時間，連投票權都沒有，現在都已經獲得尊重，人人平等。過去我們一直以為性傾向只有異性相吸，誤以為同性一定相斥，我們不了解同性戀，因為不了解而害怕，因為害怕而排斥，連我自己小的時候都曾經這樣。」

他以這樣的開頭，講出行政院提出的解決方案：「行政院作為全國最高行政機關，必須依法行政，必須尊重公投結果，更必須遵守等同《憲法》效力的大法官會議解釋，就是因為尊重公投結果，所以我們不修《民法》，《民法》婚姻夫妻之規定完整不動。因為大法官會議第七四八號解釋已明白表示必須『使相同性別二人』獲得『婚姻自由之平等保護』，所以，行政院在將提出的專法草案中平等保護同性之婚姻自由。」

但是，認為自己在公投中獲得勝利的反同方，開始將公投結果擴大解釋。

國民黨籍立委賴士葆等人在立法院公開主張，行政院提出的《司法院釋字第七四八號解釋施行法》草案違背公投結果。賴士葆甚至說，釋憲在前，公投在後，公投是七百多萬的意見，釋憲是十個人，因此公投的民意可以推翻大法官會議的決定。這些違背憲政體制的說法，仍然有一定的民意支持。[5]

同婚陣營也沒有被公投結果打敗。尤美女說：「即使在公投後，最低迷的時候，我還是說，大家放心，絕對保證在我卸任之前，大家可以結婚。」她的底氣來自大法官釋憲。話雖如此，這時尤美女在黨內，用她自己的話說，已經「被當成毒藥」，幾乎所有人都跟她保持距離，也不讓她參與法案討論。不過，民間團體繼續發揮他們的力量。婚姻平權大平台從一開始就秉持一個原則——不分藍綠、盡可能與各黨立委經營好關係，這個策略在此時發揮了重要的助力。「倡議跟遊說，很多最後都是一個『你掌握多少資訊』，掌握多少資訊就代表你有多大的機會去改變。」呂欣潔說：「其實立法院裡面還是有很多支持的人，支持的助理也會想要有機會講給他老闆聽。有一些委員必須公開反對，你去拜訪，他也會覺得對你不好意思。臺灣人就這樣，見面三分情，他看了也覺得，都是好孩子，都是一些很好的人啊。有時候他可能覺得歉疚，所以也會告訴你一些反方遊說他的說法與策略：『這是反方給我的答案，你們拿去看一下。』」

婚姻平權大平台對國民黨溝通的策略是：希望國民黨不要用黨紀，去約束所有委員的行為。對民進黨，則是希望爭取到最大多數委員的支持。

呂欣潔說：「我不覺得我們跟政府或政治人物是對立的。但我們跟反同方是對立的，我們等於是在跟他們對抗，去爭取中間這群人，以及政府到底要站在誰那邊。」婚姻平權大平台會和李懷仁核對他們彼此得到的情報，仔細地算票，「我們的牆壁上，有所有立法委員的照片，他們是支持？還是很支持？我們會每天這樣移。因為我們每天都會去找不同的委員，他們會跟你說，那個誰昨天說他不會去投欸。我們再去問該委員：委員你會去投嗎？」

另一方面，蔡英文正陷入苦戰。這是她非常艱難的時期。二〇一八年底敗選後，黨內出現各種懷疑蔡英文能否為民進黨保住下一任總統位置的聲音。有人主張賴清德才是能贏過韓國瑜的唯一人選。同婚是使蔡英文受傷最重的原因之一。一方面民進黨基層懷疑是同婚害他們輸掉了選舉，另一方面同婚陣營也有不少人感到失望。但在行政院擬訂出《司法院釋字第七四八號解釋施行法》，將法案送進立法院後，網路上開始出現「我們誤會小英了」的聲音。四月，總統府音樂會在凱道上舉辦，三萬人到場。鄭宜農演唱時，由舞臺向天空投射出彩虹。演唱會後，一群年輕人拿著手牌，衝到貴賓席所在的高臺邊，大喊著向蔡英文表達支持。蔡英文站起來，走到高臺邊緣，向他們揮手。表演已經結束，但是人群留了很久，不肯散去。

五月十六日，審查同婚專法前一天晚上，蘇貞昌又再約見民進黨黨團立委，強力固票。他在會上講的話，當天寫成〈致民進黨立院黨團成員的一封信〉[6]，發表在臉書上，網路上也能找得到錄音。他說：「大家在立法院通過的法案幾百、幾千件，但將來可以拿出來談的、拿出來講的，其實不多。將來一定會被問到的，一定有明天同婚這一案。到那時候，整個社會進步到那裡了，你可以拍胸脯、很大聲地說：『你看，當年壓力是多麼大，但我還是頂下來了，我投下關鍵的一票！』當然，你也可能被自己的孩子、孫子問到：『當年那歷史性的時刻、歷史性的一天，你為什麼沒有站出來？』」

他也把婚姻平權跟民進黨的歷史、臺灣民主化的進程，並列在一起：「各位，四十年前美麗島事件、軍法大審的時候，全臺灣有近千位律師。但真正敢站出來、只有我們十五個；三十三年前民主進步黨組黨的時候，其實真正簽名的沒有那麼多人。因為那時候會被抓、會被判、會被關，後來事情過去了，組黨的名單卻越來越長。因為有人把名字加上去，大家都想搭上關鍵的列車。」

他把在場所有立法委員的未來，與民進黨的政策綁在一起：「逃避只會更被看不起，沒有人會感謝你，如果明天案沒有過，那更是民進黨大敗！人家更看不起你民進黨、更看不起你，你一定更難選！」

倘若江春男對蔡英文的觀察沒有錯，那麼蘇貞昌確實比蔡英文適合講這段話。蔡英文是個非典型民進黨人，她沒有經歷過黨外，她不具備可以訴諸那段黨史、同志情誼的資本，但是蘇貞昌有。如果小英是學者性格，蘇貞昌就是人權律師性格。小英的演講稿是書面體，特別是如國慶、就職等重大演說，修六、七十稿都很尋常，這反映了她的謹慎與全面。但蘇貞昌的演講則是他自己想，自己寫，充滿他獨特的口語風格，有他的擴散與共鳴，能拉動大家的同理心——那是從臺灣民主運動時代，草根演說的力量升級而來的。

最後，立法院總召集人柯建銘也起來說：「我們要在《憲法》之前低頭。我們必須尊重《憲法》。」

尤美女說，其實那時她也舉了手，但是蘇貞昌給她一個「妳別講了，免得反效果」的表情：「他擔心好不容易把氣氛營造出來，我一講話就打破，他就不讓我講話。」而她也覺得蘇院長真的講得很好，就把手放下來。

她說：「那一天的那一席話，很有說服力，而且很有高度。他（蘇貞昌）也經歷過這些，所以有本錢講那段話。我覺得那一場是關鍵，如果沒有那一席話，說服不了。」

蔡英文在二〇一二年時，以她的進步價值，樹立支持婚姻平權的方向。蘇貞昌則以他草根的語言，將同婚運動與臺灣民主運動連結在一起。柯建銘也要所有立委尊重《憲法》。民進黨一起向前走了一步。

彩虹終於出現的時刻

二〇一九年五月十七日上午，立法院審議《司法院釋字第七四八號解釋施行法》。

早上下起了大雨。立法院旁的青島東路上，聚集了將近五萬名同婚支持者，穿著雨衣，打著傘，守候結果。在立法院內，委員們紛紛走入會場就座。尤美女早早就抵達，準備作陳述。李懷仁也走進立法院中的行政院長休息室，從那裡觀看投票。

婚姻平權大平台很早就把立法院周遭的道路使用權借下來[7]，前一天晚上就進駐，開始搭舞臺。雖然大平台已經辦過許多場大型活動，算是經驗豐富了，但這天還是很緊張，不知道會發生什麼。呂欣潔除了有時要上臺去主持，當天就是一直在確認，讓整個現場保持流暢。工作人員手持對講機，有兩人負責觀察投票進度。開放國會的直播被投影在大銀幕上，現場所有人可以同步知道議場中的最新情形。

二〇一九年五月十七日，挺婚姻平權人士聚集在青島東路，關心《司法院釋字第七四八號解釋施行法》表決進度。（攝影：何昱泓）

首先是委員發言，正反雙方輪番上臺。當進入逐條討論表決時，記名表決的第一條是法案名稱。立法院長蘇嘉全宣布時間一分鐘，看板上名字紅綠燈逐個亮起：出席九十五人，贊成六十八票，反對二十七票。贊成票數比幕僚們第一次算票時預估的三十一票，整整多出一倍，多出了三十七票。

立法院外爆出四萬人的歡呼[8]。歡呼聲連在立法院內的李懷仁也聽得清清楚楚，他鬆了一口氣。但是在議場內的尤美女沒有聽到歡呼，議場的隔音非常好，她繼續聚精會神在法案上。

第四條，這條出現「結婚」字眼，是最有可能遭遇反對的。贊成六十六票，反對二十七票，也通過了。場外再一次歡呼。無論場外場內，基本上都知道，今天同婚法案勢必會過了。

最後一個條文通過的時候，雨停了，天上出現了彩虹。

這是人間無法干預的劇本。真的就是在臺灣立法院的上空，同婚法案通過的這一刻，出現了彩虹的大氣現象。

李懷仁走出立法院，手上拿著筆電，往行政院走去。抬起頭，他也看到了彩虹。經過的路上，人們都在擁抱，都在喜極而泣。他想：「幕僚做到這裡，可以了，參與創造歷史了。」

在同志團體心目中，最勞苦功高的人當然是尤美女。尤美女在議場裡，沒有看轉播，不知道外面發生了什麼。投票即將結束的時候，立委何志偉拿著手機，開著群組訊息走過來，對她說：「妳知道外面大家在叫妳什麼嗎？叫妳媽祖婆！」會議結束時，尤美女本來想低調離開，「因為也不是我一個人的功勞。後來我助理說，全部人在等妳，妳還是至少走到天橋去，跟大家say hello。所以後來我就走到那裡去。結果沒有想到說，哇！」現場同志的熱情，讓尤美女忍不住走下天橋：「本來在天橋上面，後來我就說，那我要走下去。一走下去，人全部都湧上來，一堆人上來擁抱，我也抱他們，好感動！」

事後看來，李懷仁用樂觀的語氣說，「是臺灣人民的智慧做出了選擇」。大法官釋憲，決定了必須給同婚予法律保障。而公投決定了不能走《民法》，於是修專法。雖然公投結果曾經被婚姻平權方視為大挫敗，但是「倘若沒有公投，專法和《民法》還有得吵」。

劉建忻在回憶蔡英文與同婚法案的關係時，用了一個字——「磨」。他說：「從最慘烈的社會衝突，到完成立法後回歸平靜，小英『磨』了兩年多的時間，締造了亞洲第一的奇景。」他說：「這一仗，我們無法把她描寫成是那個帶著價值光環衝鋒陷陣的人。但事情不是喊出來的，而是做出來的；也的確是她用韌性和抗壓性，頂過各種壓力，一步步化解內部分歧，和團隊一起擬定策略、完成最後的整隊。」

或許，小英總統口中的「Second is Best」，應用在臺灣的政治上，確實是有它的道理，也是她從政的經驗之談。如果有一個方案，雖然不是最理想，但是最可行，能夠讓所有人一起往前跨一步，那麼，這個方案，或許就可以說，是最好的方案。

尤美女說：「這整個法案能夠通過，真的是天時地利人和，在每個位置都有一個適當的人在那裡。如果二〇一六沒有小英的大勝，沒有政黨真正的全面輪替，這個法案過不了。如果沒有剛好小英可以提名大法官，而且可以一次提名那麼多個，也過不了。每一個環節都扣在那裡，所以才能夠促成。你說它能不能再重演？我覺得不可能重演。如果那個時機，你沒有抓住，它不可能馬上重來，再重來大概是幾十年後。你看我們走了六十年。」「前面的那個天時地利人和，真的是一甲子的能量累積。」

過程雖然有衝突，但也讓不少人改變想法。有幕僚告訴我，二〇一六年十月同志大遊行，桃園市政府外牆打出彩虹光，當時鄭文燦曾經接到李登輝前總統關切的電話，詢問同婚的事，說他想要了解。李前總統是虔誠的基督徒。尤美女律師也告訴我，後來由於李安妮的說服，李前總統一家人的態度越來越開明。有一次尤美女遇到李登輝，「他說：妳來妳來，叫我去坐在他旁邊，然後就只是很客氣地講，不要操之過急，事緩則圓。他沒有反對，也沒有來跟我辯論。後來我問安妮，安妮說，當然他們有信仰，但是她覺得這是人權的問題，這個是時代的潮流，所以他們可以接受。」

呂欣潔也認為，外界可能會以為，同志團體為了爭取同婚，和執政黨有很多衝突，其實是每個人都在自己的位子上，扮演自己的角色。「位置不同，就會有不同的觀點。比如說民進黨的政治人物，他為黨，完全可以理解。我覺得那些和我們溝通得比較好的政治人物，其實也都是理解我們有我們的立場，只是他們有他們的立場。重點是我們都各自站在位置上，負起自己的責任。」同婚法案通過的成功，是寶貴的一課，「這整個過程，我覺得對同志運動是一個很好的學習，我們要怎麼樣跟體制工作。這真的讓運動進到下一個層次、下一個階段。」

她也評論蘇貞昌的演講。她說，在全世界的同志平權運動中都發現，「中年男性異性戀分享自己轉變的過程，在各個國家的研究裡面，都是最有效的、影響社會最大的」，在臺灣，這個有效的證言，來自當時的行政院長蘇貞昌，而且是他自發的行為，「這完全是一個教科書等級的宣傳。他是先從他自己的經驗出發，分享他自己轉變的過程，最後再拉高一個層次說，我們要一起去創造一個和諧的社會。」這是從自己出發，去改變社會成見的最佳範例。

立法院三讀通過《司法院釋字第七四八號解釋施行法》後，五月二十四日同婚法正式上路。

十月二十五日，蘇貞昌在同婚法實施五個月後，又發布一支臉書影片。在這支影片中，蘇貞昌傳達的訊息，與二月二十日大同小異，但是這次他用臺語發言，因為這支影片是在向草根選民喊話：「專法實施這五個月來，阿公阿媽嘛無消失啊，爸爸嘛是叫爸爸，媽媽嘛是叫媽媽，社會也無亂啊。咱的生活嘛完全無受到影響，只是開一條路，給同性戀會當走，讓所有國民的婚姻自由，攏共款得到法律保障。各位鄉親序大，一樣米養百樣人，世間人百百款，但是咱攏是共一國的，都做伙生活佇臺灣這塊土地頂。咱欲人尊重，咱嘛愛尊重人……。」

二〇二〇初，蔡英文在總統大選中連任成功。蘇貞昌又繼續擔任行政院長，三年後，才在二〇二三年一月請辭獲准。蘇貞昌離職前，拍板確定了跨國同性婚姻——無論對方國家有沒有允許同志婚姻，都可以在臺灣與臺灣人登記結婚（中國除外）。五月，立院三讀通過《司法院釋字第七四八號解釋施行法》修正案，同性婚姻者可以共同收養子女。

這是一個會讓時間產生力量，讓時間轉化偏見的法案。用時間讓大家看到，太陽依舊升起，世界沒有毀滅，甚至還有彩虹。必須踏出這樣一步，讓人從那些「這樣做會毀滅世界」的執著鬆脫開來，像立委段宜康在院會中說的「放過自己，放過他人」。

在這個故事中，平權運動者、總統、大法官、立法委員、行政院長、幕僚、立院助理，人人都扮演了一個角色。有時攜手，有時接力前進。一開始運球有些凌亂，但後來打出了節奏，出現漂亮的補位與傳球。有人把過往的人生經歷、把臺灣的去威權歷史連結進來；有人沉著往前，張開手臂讓年輕人加入，成為這個民主化敘事的一部分；有人受傷的時候，有人補位；最後就是現場觀眾一同歡呼。老實說，做了許多採訪，寫這個臺灣同婚的故事，就彷彿在寫一場峰迴路轉的球賽。這是一篇運動散文。

同婚法通過之後的某一天，瞿欣怡說，她久違地出門遛狗，忽然覺得奇怪：「我今天怎麼有時間遛狗？」然後她才想起：「我不用再去開會了，我不用再窩在家裡寫文章了，我不用再像個戰士一樣，我可以比較輕鬆地生活了。」尤美女從不分區立委卸任，重回律師身分，現在擔任全國律師聯合會理事長。呂欣潔進入國際同志倡議組織，成為亞洲區負責人。

在許多走入婚姻、得到幸福的同性伴侶中，有一個人來請小英總統為她的結婚證書簽名。

「總統，有人要請妳簽結婚證書。」有一天，幕僚對總統這樣說後，立刻安排了行程。來的人是最早曾經在車上向剛剛敗選的小英，提起伴侶盟連署的羅融。

那天，簽完了名，合照之後，總統拍拍羅融的肩膀對她說：「你們現在有合法的身分了。」

總統還是一樣少話，也沒有太多煽情的表示，不過臉上的開心是很明顯的。當年那個身上無職，沒有黨主席、也沒有候選人身分，「gap year」中的蔡英文，簽下了支持婚姻平權的連署。她成為總統之後，婚姻平權經歷許多風波，最後開花結果。蔡英文看到當年跟著她跑行程的祕書，也走入婚姻，應該是既有作為個人，為她高興的情誼，也有作為總統，和國家一同跨出一步的驕傲吧。

「那當然對她來說是雙重的開心。」羅融笑著說。「對我來說，差不多也是這樣。」

1. 二〇〇八年總統大選是民進黨歷來得票率最低的一屆。受到陳水扁案件的影響，民進黨候選人謝長廷得票五百四十四萬四千九百四十九票，得票率百分之四十一．五五；國民黨候選人馬英九得票七百六十五萬九千〇一十四票，得票率百分之五十八．四四。二〇一二年，蔡英文得票六百〇九萬三千五百七十八票，得票率百分之四十五．六三，馬英九得票六百八十九萬一千一百三十九票，得票率百分之五一．六。雙方得票率差距從百分之十七縮小到百分之六。

2. 民進黨發布《十年政綱》：〈發布十年政綱　蔡英文：強化台灣，凝聚共識〉https://www.dpp.org.tw/media/contents/4170（二〇一一年八月二十二日）。

3. 《十年政綱》中〈性別〉章中的第六條：「尊重不同性傾向者的人權：一、促進社會尊重不同性傾向者的人權與自由，並強化國民對性別自由的認識。二、打造性別多元友善文化，提升職場與校園的性別平等。三、強化公務員對性別多元的認識，作為決策與施政的基礎。各級政府應檢討修正各項法律、政策及行政中的相關歧視性作為。」

4. 婚姻平權大平台是由台灣同志諮詢熱線協會、台灣同志家庭權益促進會、婦女新知基金會、同志人權法案遊說聯盟，以及 GagaOoLala 同志影音平台，五個團體於二〇一六年十一月所組成。

5. 《自由時報》報導：https://news.ltn.com.tw/news/politics/breakingnews/2778596（二〇一九年五月三日）。

6. 蘇貞昌社群貼文：https://www.facebook.com/gogogoeball/photos/a.186955736269/10156412730306270/?type=3（二〇一九年五月十六日）。

7. 這是為了避免發生像二〇一六年十二月二十六日，《民法》法案在立法院司法法制委員會審查時，支持與反對同婚的陣營在立法院外街道上各據一方、對抗衝突的經驗。婚姻平權大平台即早做好準備，將路權借下，希望法案不要在群眾衝突中通過。

8. 呂欣潔表示，當天早上有五萬人到場支持。後來因為雨勢一度轉大，以及部分參與者到場表達支持後先行離開去上班，表決時人數略減至四萬人左右。

從「gap year」到執政

一個關於「準備」的故事

張惠菁

蔡英文從二〇一二年敗選後，到執政之間的階段，前行政院長林全是一位關鍵的人物。他在蔡英文選後辭去黨主席，身上沒有正式公職，準備成立小英教育基金會的時候，應邀出任基金會的執行長。原因是蔡英文對他說的一番話。

「她說她沒選上也未必不好。因為選上了，馬上就要執政，很多東西都沒準備好。她說其實我們要執政，應該要準備得更好。」

林全說話的時候，眼睛經常帶著淺淺的笑意。在訪問開始前的寒暄，他聊到自己很淺眠，最近為了想知道自己的睡眠狀況，開始戴智能手錶，結果發現，果然自己每天只睡六小時，有時甚至只有四小時，所以慢慢在調整。

他與蔡英文在陳水扁政府中是同僚：蔡英文擔任陸委會主委、林全擔任主計長，在行政院會議中，他們的座位剛好相鄰。兩個人的氣質、個性，都有些相近，都是學者出身，與其他政治人物不太相同。劉建忻形容：「他們在那個年代，是整個內閣裡面講話最清楚，最有條理，又最有社會公信力，而且都是非常溫和理性的樣子。」

這兩個坐在隔壁、看起來有點像的人，後來走了不太一樣的路。蔡英文在二〇〇四年加入了民進黨，二〇〇八年又成了黨主席。林全則在離開陳水扁政府後，走入產業界。他聽說蔡英文成了黨主席時，對這位老友表達了支持，「我很高興看到她去做民進黨黨主席，因為我覺得對她來說，那是人生很大的改變。可是對我們國家來看，我覺得政黨的更新是很重要的，因為一代總是比一代進步嘛，我覺得蔡是有機會把民進黨帶到下一個階段去。」他對蔡英文說，如果有什麼是他可以幫忙的，在不影響現在工作的情況下，他會盡量幫忙。後來二〇一二年蔡英文敗選後，他也被邀請去參加選後檢討，給了一些意見。

選後蔡英文雖然辭去黨主席，但是決定成立基金會，對於她認為「還沒準備好」的執政，她要用接下來四年時間好好準備。

「當時她說的這番話，其實是非常打動我的。」他說他也看過歷任總統選舉的白皮書，甚至他自己也參與過陳水扁總統的部分白皮書，很清楚大部分白皮書的產生過程。「其實這些總統候選人每天忙於行程，是不太有心力去花在政策規劃的。所以過往所謂『白皮書』，往往就是委託一群他們相信、認識的幕僚，幫他們去規劃政策。雖然有很多在概念上是符合他們的理念，可是真正細部的政策，這些政治人物是不會看的，甚至沒時間看，搞不好連坐下來聽都沒有時間。這種政策規劃的過程，在我來看是有點草率。」林全說：「所以我覺得蔡總統願意花這個時間，真是值得肯定和佩服，應該好好幫她忙才對。」

起點：新觀念學習

這是一個非常蔡英文式的決定。他們要準備的是國家長程的規劃，也就是說，即便是像蔡英文自己，與林全這樣經驗豐富的前政務官，也必須面對自己不夠了解的事物，在未知面前獲取新知。林全回憶，基金會最一開始的階段，很重要的是「學習」，形成新的觀念。「因為你要做政策規劃，不是自己懂，是你要學習新的知識，把自己的經驗跟人家新的知識結合之後，你才知道：問題在哪裡？要怎麼解決？所以我們要不斷地找人來學習。」

「因為她有上次選舉中累積的聲望和資源，所以當時我們要找人是很容易的。於是找了很多人來教我們。」二〇一二年林全主持下的小英教育基金會，用他自己的話說，是一個「學習成長以及規劃的平臺」：「你要有一些新的觀念的學習和形成，對問題才會有新的答案出來。」

例如，他說他就是在這時候，學習到臺灣是全世界最好的風場，發展風力發電非常有利。他也學習到未來洋流發電的可能，因為強勁的黑潮雖然穿越環太平洋，但是黑潮流經臺灣東邊的位置，是和陸地最靠近的地方，這是臺灣地理位置的獨特之處。只是洋流發電的技術還不成熟，倘若有一天技術成熟，那麼很有可能，臺灣即便沒有石油，也是能源的富國。相對地，風力發電在世界已經成熟，那麼身為政策召集人就應該開始思考，如何規劃，讓臺灣發展風電成為可能。

一個國家的政策規劃，是面向國家的未來，所以不能只從自己已經熟悉的、舊有的事物出發。對於國際局勢、新興技術的掌握，攸關對國家未來的想像。「你要想辦法去吸收，就外面的狀況了解，以及你所知道的經驗，結合之後，知道今天的問題癥結是什麼，今天的政策為什麼出問題，狀況在哪裡？所以你要先學習，接下來再想辦法推廣你學到的觀念。」

「一定要先有這個形成，之後才是你根據這些東西去想：未來我們的政策在哪裡？開始找施政的重點。我覺得很有意思的就是那時候。」林全說。

具體規劃：從理念到執行

二〇一二年起累積的這些知識與諮詢，幫助蔡英文的執政準備變得更清晰，在過程中也找到更多對的人投入，來做更具體的規劃。例如《十年政綱》雖然已經提出能源轉型，但是如何做到，卻是從二〇一二年起累積學習，之後才計算出更清楚的模型。

劉建忻說：「《十年政綱》方向性比較強，很多是理念面的，理念當然也很重要，因為她要翻轉治國方向，呈現出和馬英九的方向不同。但是你真正再想一想，這些理念真正要能操作出來，後面就是要把所有環節都想清楚。所以到了二〇一六年選舉之前，那時候再做出來的政策白皮書，可操作性比《十年政綱》強更多。」

「其實我知道總統對林全院長的信任，她覺得他對操作面的思考跟判斷比較務實，就是會庖丁解牛地找到方法的那種。她需要依賴一個有豐富政務官經驗，而且處理事情是以『做得出來』為目標，而不是『講得很正確』為目標的人。我覺得在總統心目中，林全院長就是這樣的角色。」劉建忻說。

把前瞻性的政策主張方向，轉譯成未來的執行方法，是蔡英文與林全在這個階段做的重要準備。二〇一二年，蔡英文無公職在身時，林全擔任基金會執行長；二〇一四年蔡英文二度出任黨主席後，林全擔任民進黨智庫新境界文教基金會董事長，執政的準備延續，幕僚團隊更擴大。二〇一四年後，許多準備已經能進入到執行面，甚至開始算財務模型。負責政策的人會被反覆質問，核實數字。內政部次長花敬群就曾描述在智庫被「考試」的經驗，蔡英文、林全與智庫的重要成員們，對執行方式和數字問得非常仔細，沒能說服他們就得回去再準備。

進入政府：第一任閣揆的定位

二〇一六年初，蔡英文在總統選舉中大勝。林全出任第一任行政院長。

即便已經做了許多準備，總統的第一個任期仍然是困難的，第一任閣揆的任務就更艱鉅。林全上任前已經有心理準備：「我認為，這個工作絕對不討好，因為第一任行政院長都是很慘的，看你要怎麼定位。坦白講，當時我抱著一個講起來不好聽的心態，叫『服兵役』。」

他說他是以被國家徵召服義務役的心態，接下院長這個職務的。因為不論如何，這些政策的討論是他召集的，參與討論的人現在也進入了各部會，而綜觀全局，最了解未來要做什麼的人還是他。所以他說：「我們不要耽擱，盡快把它做完。」

我們現在從後見之明的角度看，林全的行政院長任期，是相當慘烈的：在年金、同婚議題上爆發了社會衝突，電廠也頻出狀況。做足了準備，未必就能順利。但做足了準備，至少知道什麼一定要做，面對質疑時可以站得住腳。

例如前瞻基礎建設，是解決臺灣長年以來缺乏長期規劃，導致許多基礎建設陳舊、急需更新的問題。前瞻基礎建設的範圍涵蓋軌道、水資源、偏鄉建設、文化資源等等面向。計畫提出後，也曾經受到挑戰。因為牽涉很廣，反對者如果要找麻煩，隨便挑一個點，就能不斷地挑剔。說話很溫和、眼裡帶著笑意的林全，這時決斷而明確地說：「時間不等人，國家進步不能等。」「我決定快刀斬亂麻，就到立院去審。」

有的政策可以先規劃，就職後推出。但還有很多事，不在其位，再怎麼預想也無濟於事，例如取締校園毒品，例如臺灣遠洋漁業被歐盟舉黃牌，「這個事情如果在就職前沒有做好心理準備，就職後是來不及的。但是怎麼做呢，就要靠就職後了。因為就職前再怎麼講都沒有用，所有的工具都在政府機關，就要看就職後你要不要記得這個事情，來好好執行。」當選後、執政前，許多事情已經開始湧入，包括歐盟已經為漁業黃牌問題去拜訪當選人陣營，「所以當時就講好了，上任之後，第一優先寫下問題：漁船該裝定位器，該怎麼做就怎麼做，就是要嚴格執行。這一定會得罪某些人，可是你有心理準備。這是你一上任，應該可以做到的。」

我請他回憶，從智庫到執政初期，他認為的最大挑戰，他說：「其實這個是看你準備到什麼地步。永遠都會有準備不到的事情，因為我們只是一個智庫，你沒有動用全國資源嘛，一旦你執政的時候，全國資源都在、全國公務人才都在，有這麼多人可以用的時候，你一定要用好。這是第一個，你要如何讓人才補齊。」「再一個就是說，你要去解決某些長期的問題，其中有部分是靠執政前的準備；有部分不是靠準備，靠執政後面臨時的危機處理能力。這兩個都是很大的考驗。」

他又說：「一個民主政治裡面，你要有一個好的、穩定的智庫和幕僚，協助這些人（指總統當選人），而且這個幕僚要有一定的經驗傳承。這是很重要的。」他停頓了一會後又說：「但是我們看到很多智庫，我不要講哪個政黨，他們的智庫有沒有發揮這個功能，其實是給大家很多問號。」

當我提到年金改革時，林全倒是透露，其實他當初對蔡總統能否連任，一點都不樂觀。「我跟她講，妳有這個年金改革，妳就不要想選下一任了。」林全說。先前也曾經有智庫董事對蔡英文說，妳當選後，其他的事也不重要，只要做年金改革就夠了，林全當時心想：「你就挑一個最難的，像是政治自殺的事給她做。」這話透露出他為老友而擔憂，但是蔡英文沒有回應他的警告，上任前已經讓林萬億規劃，也已經決定了年金改革委員會的名單。林全說：「她認為這個該做，她也就面對。」不過他認為，蔡總統也知道這是棘手的，所以盡量讓許多人一起參加討論，並且不願意走得太過極端。「她做了這個之後，竟然還能選上第二任，在我來看這是……」他停頓了一會。

我忍不住替他接話：「奇蹟？」

「奇蹟。」林全說。「超過我的預期。」

下一章，我們就進入這個奇蹟的故事。

員會議
平。正義

拆彈者

年金改革故事

李桐豪

黃昏層層逼近，臺北田徑場傳出陣陣的歡聲和笑語。晚上六點整，人潮湧現，民俗陣頭、樂團歌手、高校舞蹈社，輪番上陣，炒熱氣氛。七點〇七分，蔡英文來了，夜空綻放燦爛煙火，宣布臺北世大運正式開始，這一天，二〇一七年八月十九日，是臺灣首度舉辦大型國際運動賽事，當旗幟冉冉升空，在場與電視機前觀眾的感動和亢奮，自是不在話下。七點十八分，各國運動員在掌聲和歡呼聲中進場，阿富汗、阿爾巴尼亞、阿爾及利亞……各國運動員按著國名的英文字母排序進場，A字母開頭國家走過，接著是B字母開頭的巴哈馬、保加利亞……一個隊伍挨著另外一個隊伍，按流程，非洲國家蒲隆地（Burundi）走完，應該是C開頭的喀麥隆和加拿大，然而會場空蕩蕩，只有一個又一個的掌旗手撐著該國國旗，孤單地穿越田徑場。

場上觀眾議論紛紛，發生什麼事了？「我一開始跑去找市府前同事，就坐在世大運執行長蘇麗瓊旁邊，三個副市長也在，大家好整以暇，一副準備欣賞活動的樣子。到了選手進場那一段落，卻沒有人進來，大家面面相覷。」林鶴明二〇一七年剛從臺北市政府發言人轉任總統府當發言人，回憶當天情況，他

二〇一七臺北世界大學運動會開幕典禮，我國選手代表們浩蕩進場。

說他與國安局長彭勝竹聯絡，得知年改團體突破防線，丟擲煙霧彈阻礙選手進場，立刻起身向蔡英文彙報。蔡英文身邊正好坐著世大運主席奧雷格．麥斯汀（Oleg Matytsin），她側過身跟他說明來龍去脈，他聽完，冷靜地說：「沒關係，如果其他運動員不敢進來，我叫我的俄國球員先進來。」隨後即派了助理，與當時的總統府祕書長吳釗燮、國安局局長彭勝竹到場外善後。

大會只能在把參賽國旗影像投影在田徑場上逐一唱名，U開頭的烏克蘭、烏干達，V開頭的越南之後是Y開頭的葉門……所有的參賽國唱名完了一輪，正當觀眾不知接下來會發生什麼事，八點十二分，入口處頓時湧出大隊人馬，臺灣隊浩浩蕩蕩進場了，緊接在後是所有被耽擱的運動員們，臺灣和世界一起進場了，場上歡聲雷動。麥斯汀上臺致辭：「親愛的朋友們，我知道剛才在開幕典禮外發生一些小狀況，我對延誤感到十分抱歉，但你知道，有時候美好的事物是值得等待的，沒有人可以阻止我們的選手、沒有人可以毀掉世大運。」

麥斯汀講的「小狀況」指的是年改團體鬧場。二〇一六年五月二十日，蔡英文就任總統，六月一日成立年金改革委員會，任期前兩年都是在這樣謾罵與煙硝的「小狀況」中度過的。

……雙英會上的燙手山芋

時間得拉到二〇一六年三月三十日，即將上任的蔡英文，和馬上就要卸任的馬英九在臺北賓館交接，是謂「雙英會」。民主是這樣，選舉投票，票多的贏，票少的輸，政黨輪替是兩個領導者好有風度地坐下來談一談，我做了什麼？什麼沒做完，我希望你可以做。當天，陪同蔡英文出席的幕僚有吳釗燮、劉建忻及黃重諺，馬英九身邊則是曾永權、蕭旭岑及陳以信。蔡英文抵達，馬總統忙不迭地說：「歡迎！歡迎！」兩人一同坐定時，馬總統說：「好久不見。」蔡英文回：「我常在電視上看到你。」馬總統笑說：「我也常在電視上看到妳，那我們就開始吧！我先講吧！」不熟硬要裝熟的兩個人寒暄起來，都像是尷尬無比的冷笑話。[1]

持續一個小時的會晤，劉建忻回憶在過程中，馬英九拿著一個小筆記本，講自己在外交、能源、人口結構上的見解和作為，但講到年改，口氣變得不一樣，他說他看到蔡英文想推年改的新聞，他在任內想推，但後來沒做成，這件事蔡英文應該做得起來，而且在時間上也一定要推了。會後，蔡英文對媒體說年金改革是國家重大挑戰，為了確保臺灣人民的退休生活受到照顧並兼顧公平性，要設計相關制度，她也請馬發揮影響力，讓朝野一起參與年金問題討論。

所謂年金改革，指的中華民國對其國民之退休金或國民年金制度，以及退休軍公教人員優惠存款（俗稱「十八趴」）的改革[2]。我國年金制度含軍人、公務員、教師、勞工及農民等共計十三種，不同社會保險和退休制度的給付條件差異性極大。早年軍公教福利差，一九五八年，國民政府頒布《陸海空軍退伍除役官兵優惠儲蓄存款辦法》行政命令，將退休軍人一次領的退休金納入優存，後來此優存辦法分別在一九六〇、一九六五年擴大納入公務員、公校教師。然而七〇年代，軍公教人員隨著經濟起飛調整薪資，兼以公務人員擴張、銀行利息飆升，造成政府龐大的財政支出。一九八三年，政府將優存利率定死在百分之十八，本以為固定利率可以減少政府支出，未料低利率時代到來，當時定死的利率變得高不可攀，不公平的差別待遇造成階級對立，「十八趴」這個汙名也牢牢黏在軍公教族群身上。然而不管是勞工或者軍公教，近二十年來人口加速高齡化、生育率急速降低，繳的人少，退的人退得早，不管哪種年金制度都入不敷出，都面臨經費不足，都有破產的危機。

「布袋戲一頁書你們知道吼？年金制度太複雜了，年改委員建議我每個議題都在一頁A4的紙講清楚。」學者林萬億二〇〇六年應行政院長蘇貞昌之邀，擔任行政院政務委員，規劃及推動「大溫暖社會福利套案」，與時任行政院副院長的蔡英文有了交集；二〇一二年總統大選，他為蔡英文團隊起草《十年政綱》的「社會福利篇」；二〇一六年，他是蔡政府年金改革委員會的執行者。推動改革那幾年，遇到記者搞不清楚狀況，他會從公事包裡拿出一頁又一頁的資料，細細說明，譬如現在，他對我們闡述，何以年金改革要分期進行？何以請領年金的年齡必須延後？說者講起話來不緊不慢，但言談之中是一個又一個的數據，聽者聽著聽著不知為何，竟也跟著提心吊膽起來。

「年金改革是一個不定時炸彈，它涉及的當然是老年退休後的經濟安全，但不同職業因退休金制度不同，導致給付條件、資格、財源、保障水準均不同，造成社會不公平。『十八趴』這個議題從一九六〇年代罵到現在，每天都在罵。軍保規模很小，政府其實吃得下，但它會造成軍隊的恐慌。公教人員破產會稍微晚一點，也拖不過二〇三〇、二〇三二。勞保最多撐到二〇二七。我當時（按：指選前規劃時）跟總統說，雖然不在妳的任期內，但如果消息一出，大家就會去擠兌，怕領不到，月領的會改成一次領光，妳要很光彩地離開，恐怕都很難。總統那時候聽完，半玩笑地跟我說：『萬億兄，你怎麼沒有提早告訴我？如果你告訴我我就不選了，這事很難啊。』那真的是太難的一件事，你看我們做了七年多，到現在還是隨時會被罵，真是太難太難了……。」

歷屆總統並不是沒有決心改革，一九九五年，李登輝宣布，當年起成為公教人員的人，不適用百分之十八政策。二〇〇六年，陳水扁總統宣布，降低所得替代率並減少百分之十八優存幅度，公教人員領取每月退休金（月退）者每月減少一到兩萬元不等。但改革的速度卻趕不上國家財政缺口的劣況。

二〇一三年一月，馬英九第二個任期也召開記者會，宣示年改決心：「年金制度好比一列行駛中的火車，而各種年金制度的破產，就像是前方的一個懸崖。如果現在不改革，火車還是會向前開，而且在我任內不會墜崖；但如果我們不及早搭建跨越懸崖的大橋，在我卸任之後，未來這列火車一定會墜崖。」他表示願意放棄自己的百分之十八優存，感性喊話「政府掛保證、安心三十年、疼惜下一代」。未料記者會一開，藍營基層譁然，踢到鐵板的他，至卸任之前，絕口不提年改之事[3]。

抗議者圍城

年金改革的燙手山芋到底還是落在了蔡英文手上。二〇一五年，百分之十八優惠存款利息，總存款戶四十五．六萬戶，政府負擔利息八百二十三．九億。龐大的負擔彷彿一顆引線越來越短的炸彈。二〇一六年六月一日，蔡英文執政未滿十天，旋即在總統府成立跨部會年金改革委員會，設置委員三十五至三十九人，林萬億則擔任執行長，副總統陳建仁是召集人。

二〇一五年，蔡英文邀陳建仁一起並肩打選戰，時任中研院副院長的他沒馬上答應，身為虔誠天主教徒的陳建仁問了三個人的意見：中研院的長官李遠哲、天主教臺北總主教洪山川跟妻子羅鳳蘋。羅鳳蘋鼓勵他：「好的牧羊人是走進羊群，沾滿羊的氣息。」他想著這句話，便肯了。然而年改這件事已經不是沾滿羊的氣息，而是一身羊騷味了吧？「年改最辛苦時，是當我們遞出橄欖枝或訊息，希望對方有回應時卻踢到鐵板，地獄不是有火或有鬼的地方，而是一個人孤孤單單在那裡，沒有任何溝通、協調、建立人際關係的地方。」回首年改來時路，他點滴在心頭，但教徒不允許自己悲觀，隨即補充：「羊群的氣味不一定是美好的。有人會謾罵攻擊和批評，但你能從他們的謾罵攻擊中，體會他們內心深層的焦慮在哪裡。其實每個來跟我談年改的人，對我來講，他們都是耶穌基督。」

他馬不停蹄上政論節目為政策背書，為了讓大眾知曉，也在臉書圖說年改，

二〇一六年十一月三日，陳建仁副總統主持「國家年金改革委員會」第十九次委員會議。

一下子「懸崖勒馬圖」、一下子「老病瘦鵝圖」，用童趣塗鴉對外界說明改革刻不容緩：「現在的年金是體弱多病而每天又被迫生一顆超級大蛋的鵝，這隻鵝撐不了多久就陣亡了，無法再繼續生蛋。在現行的制度下，已退休的年老世代退休金領不久，而未退休的年輕世代會領不到退休金。」

陳建仁能做的都做了，但蔡英文上任百餘日，民調支持率從就職時的七成，掉到四成多，連老長官李登輝都跳出來說要她果斷一點。蔡英文民調下滑的理由並非她的無所作為，相反地，因為新政府急著有所表現，開闢的戰場太多，例如一例一休，有理說不清；同婚修法，推動之後發現竟是捅了馬蜂窩。無論年金改革如何立意良善，說到底結果都是公權力把手伸進退休軍公教人員的口袋，把當初承諾要給他們的錢掏出來，這些退休軍公教人員氣壞了，走上街頭抗議。

二〇一六年九月「軍公教反汙名要尊嚴九三大遊行」、二〇一七年「八百壯士捍衛權益行動」、「臺灣警消聯盟三二九遍地開花」、「四一九反年金改革衝突事件」、「八一九世大運抗議」，到二〇一八年「八百壯士衝突案」。當年，在野的民進黨，無論是參與或聲援大埔案、洪仲丘案、太陽花學運……威望其實是在街頭一次又一次地抗爭累積上來。但蔡英文上任逾半年，人民為了年改或者反同婚等不同的理由走上街頭。當時在街頭抗議的跟公部門當官的，完全反過來了。二〇一七年一月二十二日，在總統府辦年金改革國是會議全國大會。中山南路、中華路、寶慶路……總統府周邊被團團包圍，拒馬圍籬之外是抗議者的喧囂和咒罵，然而蔡英文政府不為所動，他們只是讓各界代表在會場上集思廣益：我們怎麼做會比較好。

……

「不要把軍公教人員劃在國家的對立面」

「國家設了年金改革委員會，結果開了二十次會議，最後連一個改革的方案都沒有提出來。國家財政的支出每一分每一秒都在浪費。」黃國昌二〇一六年接受《鏡週刊》採訪時說。其時，黃國昌是時代力量黨主席，與民進黨尚未裂解，也企圖為蔡政府緩頰，說小英並非沒有好的政策，而是不知如何執行。

執政初始，她成立「執政政策協調會議」，親上第一線，與林全設計了五花八門的協調機構，橫跨府院黨團和地方政府。國民黨議諷蔡政府敲鑼打鼓，然而決策出來都是一些很小的事務；政壇上說蔡和她的核心幕僚是「白雪公主與七矮人」，小矮人忠心耿耿，深受主子信任，但主子開了太多工作視窗，一下子在這裡打掃，一下子在那裡煮飯，忙得團團轉，並無暇思考長遠之計。學者出身的她，不在公眾場合做好大喜功的宣示，寧可關起門來開小會，一個政策正反二方再三辯證。民進黨前立委林濁水說，實證主義正是她的價值觀，「這種人以解決問題為職志，問題一個一個來，她一個一個解決，但沒有戰略和願景，其實比較適合當公司的營運長，而不是CEO。她忘了，每個問題都是價值分配，她把價值擱在一邊，最後互相衝突亂成一團。」

黃國昌或者林濁水都提到蔡英文熱愛開會這件事，蔡英文的幕僚也不否認。幕僚認為，蔡英文是藉由開會，去徵詢不同的意見，然後去塑造自己的想法，像國防原本也不是她的專業，但她就是藉由一次又一次開會，不斷地質疑，和別人辯論，也和自己辯論，最後形成自己的價值判斷，不用負責執行的人無法理解這樣做的重要性。

跨部門的年金改革會議不夠，她還加碼召開國是會議。曠日費時的會議，無疑暴露許多無效率的缺點，但以臺灣依然缺乏理性看待彼此言論的環境，無非是讓民意有宣洩和對話的機會。他強由他強，他橫任他橫，街頭上，四一九遊行、世大運抗議、立法院場外立委被潑水、揪頭髮……一場又一場的失序抗爭讓抗議者失去了正當性，蔡政府只是不疾不徐地，把會議一場又一場開下去。

對外界而言，蔡政府國會過半，完全執政，處理年金問題應該更有效率。但對蔡英文而言，年金改革有不得不的謹慎。林萬億補充：「她會很認真讀資料，而且她是真的會讀不懂打電話問，她希望把事情搞清楚再做決策，這是她的風格，避免不必要的風險。所以你看年金改革法案送到立法院，立委也有意見，他們希望趕快把事情解決掉，進入下一個戰場，可是總統覺得這個事情還需要一點時間。」

年金改革法案的行政流程是這樣，二〇一七年一月，銓敘部配合總統府年改會公布的年金改革規劃方案，擬定公務人員退休制度改革方案。三月，考試院審查銓敘部的改革方案，又修訂了一份六章，計九十二條的新版本，並在月底送交立法院。總統府年改小組、銓敘部、考試院、立法院，不同的黨派、不同的派系，對年金改革各有各的詮釋和算計。當時的國民黨團總召廖國棟表示，年金改革影響上百萬人，若法案能符合不溯既往，國民黨會支持，「但不是蔡英文或林萬億說的算」，國民黨主打「焦土策略」，就逐條發言、表決，「表決三天三夜也沒關係」。

當時是立法院黨團幹事長的李俊俋回憶：「年金進入協商階段，立法院的慣例是誰都可以參加協商，所以國民黨的委員就採取車輪戰，六天的協商就是走一個再進來一個，每個人都講一樣的事情。明明上一輪討論過的條文，現在又拿出來講一次，完全沒有具體內容，但程序上又不可不准他們發言，所以這個過程非常辛苦，非常累，咖啡都是一壺一壺地喝。」

蔡英文年改會提出的年金改革，不但在野黨不支持，連自己人也有異見。百分之十八優存歸零時程部分，年改會是六年歸零，段宜康提出的版本則是兩年歸零；年改會的退休所得替代率規劃十年內降至百分之六十，段宜康的版本則是五年要達陣。李俊俋說：「總統府年改委員會的版本和銓敘部的版本相似，但銓敘部隸屬考試院，考試院是合議制，銓敘部送交的年改法案還必須經過考試委員審查，考試委員絕大部分都是公教人員出身，和銓敘部的意見就不太一樣。立法院民進黨黨團的年改版本是最先進的，國民黨是最保守的。」

對年金改革的不同調，在民進黨形成「鷹派」與「鴿派」。包含段宜康在內的民進黨立委認為，蔡政府國會過半、完全執政，應該回應基層支持者的聲音，快刀斬亂麻。但蔡英文的年改會版本反而讓她成了年金改革的最大「鴿派」代表。林萬億說：「法案是總統拍板定案，但得要立法院逐條通過，她派我到立法院，不眠不休地掌握情況，要隨時回報進度。立委開會到三點，我就要三點才能回家，那不是總統說了算欸，每個立委有自己的立委選區，有自己的選民要負責，那種溝通協調都會死很多腦細胞。」

蔡英文和部分黨團立委之所以不同調，劉建忻分析，因為蔡英文不單單是民進黨的總統，而是全臺灣人的總統，民進黨相對支持年金改革，有明確的目標，有強大的能量，但受到年金改革影響的軍公教族群，也是幫助國家機器運行的人，蔡英文希望年金制度可長可久，但不要把軍公教人員劃在政府的對立面。

拆除未爆彈

一邊綠委喊衝，一邊是總統急踩煞車。為化解歧見，蔡英文邀請立法委員便當餐敘，提醒著：「年金改革是價值觀的改革，但誠信的價值也很重要！」她說，年改會廣邀各界人士，開了那麼多次會議才決定出來的版本，假使與立法院通過的版本相去太遠，會引起外界對民進黨「誠信的質疑」，因此她呼籲民進黨能否再次協調，形成內部共識，再送立法院。

為此，民進黨召開黨團大會，舉辦假投票，針對年金改革所得替代率過渡年限採五年或十年兩版本投票，假投票結果出爐，所得替代率將分十年降到百分之六十，支持折衷版十年者有四十二票，支持段宜康版五年者為二十一票，十年版勝出。段宜康在投票結果出來後，隨即在臉書發文無奈表示，「無力回天，天要下雨了」，然而他也保住了百分之十八優存二年歸零的方案，並非在野黨所說按著「女王的命令」行事。民主是這樣，並不是一個人說了算，互有取捨，互有折衷。

二〇一七年六月十四日，立法院召開臨時會議，歷經協商，七天馬拉松式表決。二十七日，《公務人員退休資遣撫卹法》過了，二十九日，《公立學校教職員退休資遣撫卹條例》過了，三十日，國民黨立委缺席加上時代力量一席立委支持，《政務人員退職撫卹條例》修正案過了，公、教、政務官三項年金改革法的年改三法全都三讀了。二〇一八年六月二十一日，軍人年改三讀通過。即使勞保年金改革在蔡英文第二個任期結束仍未有共識，但先拆除了一部分未爆彈，到底是為下一個繼任者爭取了時間。

年金改革訴諸公平與正義，然而天秤的另外一端是赤裸裸的人性——本該屬於我的錢現在沒有了，憤怒的群眾走上街頭，彷彿政府跟他們有殺父之仇似的。

二〇一七年夏天，蔡英文赴復興崗參加軍校畢業典禮。途中，儘管維安人員架起拒馬、欄網，然而當車隊接近國防大學時，抗議民眾竟然突破封鎖線，朝車隊扔擲垃圾、鞋子，並向維安人員揮拳。當年的隨行發言人黃重諺憶及，那幾年，蔡英文人在哪裡，抗議就在哪裡。無論總統要去軍區視導，還是下鄉發紅包，這些退休的軍公教團體，都能獲得情資，搶先一步。二〇一八年年底九合一大選直轄市長及縣市長選舉，民進黨慘敗，連經營二十年、向來自豪的「民主聖地」高雄亦輸給韓國瑜。覺得被辜負的民進黨支持者忙著抓戰犯：同婚法案？《勞基法》一例一休？選前通過的年金改革，當然也是蔡英文被檢討的重點，戶頭縮水的軍公教憤怒，立院通過的年改版本比總統府年改會規劃的版本砍得更狠、更凶，原本支持她也不反對年改的軍公教也受傷了。她宣布辭去黨主席，發信給民進黨黨員下詔罪己，稱最該改變的人是自己：「我們追求臺灣轉型的長期目標時，忽略人民現在的感受。而且，我們常用專業語言解釋國家政策，以致於沒有跟人民溝通的效果。」

「當失敗了以後，盲點浮現，妳反而有自信起來」

二〇一八年地方選舉失敗，彷彿是對她執政的不信任投票，政壇有韓流興起，黨內又有初選的挑戰。二〇一九年對她無疑是險峻的一年，一月初，行政院長賴清德總辭，蘇貞昌繼任，扁政府時期政壇傳有所謂「蘇蔡心結」，然而總統與閣揆明確分工，短短不到兩個月，已合力拆解「十年老車強制淘汰」、「二〇三五禁售燃油車」等炸彈。回鍋的老院長施政節奏明快，民調風生水起，連帶也帶動她的聲勢。人們發現她改變了，她重啟LINE帳號，臉書更常使用漫畫或各種小編宣傳政令，她更常面對媒體，回答一些五花八門的問題，她似乎變得更活潑了，說這是「蔡英文二・〇版」也未嘗不可。

然而，該堅持的還是堅持，例如通過同婚法案，例如被林濁水、黃國昌批評只會開會的她，反而變本加厲，簡直是把國安會議當作政府跨部門溝通的平臺了：COVID-19疫情興起，缺口罩、缺疫苗，每個議題都是環環相扣，她把衛福部、外交部、經濟部相關部長聚集起來商討對策；軍區視導發現營舍老舊，她把國防部、財政部找來，要國防部列計畫開預算，錢不夠看看臺灣銀行可以怎樣想辦法加快辦理融資。國安會幕僚鍾如郁說：「總統的開會有點像是論文口試，就是官員準備好資料，她會看得很仔細，拋出很多問題，說『不是啊，你這樣寫的，跟上次交來的資料根本不一樣啊，你把我弄糊塗了』，官員們被她問倒了，知道每一個方案、報告都要研究得很仔細，不能馬虎。」

學者出身的她不在公眾場合做好大喜功的宣示，寧可關起門來開小會，一個政策正反二方再三辯證，林濁水對她的批評，在這個複雜變動的時代變成一個難能可貴的優點了，疫情的因應之道是這樣，中美貿易戰後的國際情勢是這樣，當然，年金改革也是這樣。

她是談判桌出身的，國際經貿法律師不是訴訟律師，在乎的並不是輸贏，而是是否能夠達成協議。心中有遠景的人是不怕失敗的，二〇一九年她接受TVBS專訪如此說道：「政治是禍福相倚，當失敗了以後，盲點浮現，妳反而有自信起來。」「如果只要做一個什麼事情都不做，只要發津貼的政府，我也可以做啊，也許大家會喜歡我多一點。有人說我不夠果決，不夠勇敢，但如果是一個不夠果決、不夠勇敢的總統，她敢去做年金改革嗎？她敢花三年的時間去做稅改，然後到第三年結束以後，人民才感受得到，我敢不敢去承擔這個風險？一個總統除了要勇敢要果決，有時候她還要忍辱負重。」[4]

改革需要時間，也需要等待，二〇二三年，最後一次國慶演說，她細數七年多來的改革，國防升級、婚姻平權法通過，當然還有投入社宅的推動，然而同樣跟時間賽跑的還有一步步要實現的「二〇五〇淨零排放」轉型；除此

在任內最後一次國慶演說中，蔡英文總統期盼下一階段勞保財務的改革，能夠在穩定的財務基礎上、在社會的理性對話中，凝聚共識、穩健進行。

之外，在這幾年飽受經濟停滯以及通膨所苦的局勢下，更展現出臺灣強大的經濟韌性，她說：「我們的GDP規模從我上任時的十七．五兆元大幅成長，今年預計將突破二十三兆元。」

「蔡英文的任期會停在明年（二〇二四年）的五二〇，但國家要繼續前進。」她在演說中感性表示。她細數在八年內種種的改革與堅持：兩個任期之內，婚姻平權，她做到了；減稅加薪，她做到了；長照幼托，她做到了；國防改革，她做到了；能源改革，她做到了；經濟結構轉型，她做到了。拒絕一國兩制，她也為兩千三百萬人民做到了。

然而務實的蔡英文也不忘檢視未竟的勞保年金改革：「雖然年金改革差一哩路沒能走完，但從二〇二〇年起，陸續編列了二千六百七十億元預算，撥補勞保基金，期盼下一階段勞保財務的改革，能夠在穩定的財務基礎上、在社會的理性對話中，凝聚共識、穩健進行。」

1. 《關鍵評論》報導：〈雙英會終於見面了〉https://www.thenewslens.com/article/39161（二〇一六年三月三十日）。《關鍵評論》報導：〈雙英會　聚焦年金外交〉https://www.merit-times.com/newspage.aspx?unid=433213（二〇一六年三月三十一日）。
2. 一九五八年，中華民國政府頒布《陸海空軍退伍除役官兵優惠儲蓄存款辦法》，軍人退伍金一次給付可享有特別優惠利息待遇，隨後公教人員比照辦理。當年臺銀一年期定存利率為百分之十七，優惠存款利率為百分之二十四。一九八三年，軍公教人員優惠利率下限提高為百分之十八，退休金月俸則是可以擁有百分之十八的優存。
3. 總統府：〈總統召開記者會說明我國年金制度改革第一階段方案〉https://www.president.gov.tw/NEWS/17395（二〇一三年一月三十日）。
4. 《TVBS》專訪：〈【總統選擇題】蔡英文的蔡英文路線〉https://www.youtube.com/watch?v=qSi-kVEKHlU（二〇一九年六月七日）。

為了一百年後的產業

產業轉型故事

吳錦勳

龔明鑫記得非常清楚，二〇一六年，行政院林全內閣正在研議「前瞻基礎建設計畫」[1]時，當時擔任國發會副主委的他預估，等計畫投入之後，最晚將在二〇一九年就會看到效果，屆時臺灣經濟成長率會超過百分之三。

「百分之三？」當他說出這個數字，許多人不敢相信。畢竟當時臺灣的經濟，從二〇一五年第三季起連續三季負成長；二〇一五、二〇一六年則在保一（百分之一）邊緣掙扎。蔡英文看到龔明鑫的評估時也反問：「百分之三，可能嗎？」

但是龔明鑫認為，他的評估是有根據的。「我說如果二〇一九年的經濟成長率，沒有超過百分之三，表示我們的前瞻基礎建設有哪裡不對，那就一定要修改。」龔明鑫以書面報告仔細論證說明。蔡英文看了沒有再質疑。

二〇一九年，臺灣的經濟成長率，在第二季達到百分之二．九九，第三季達到百分之三．四三。

同年五月初的一天，經濟部長沈榮津來到總統官邸。這一年蔡英文總統交付給經濟部的臺商回臺投資年度目標是全年二千八百億，經濟部提前在五月達成了。蔡英文再把目標往上加一倍。到了年底，五千六百億目標也達成了。

二〇一八、一九年，外資來臺投資均超過百億美元。且二〇一九年新南向國家來臺投資三．八二億美元，核准陸資來臺投資〇．九七億美元，新南向國家及陸資來臺投資狀況出現明顯的消長現象。

當全球因COVID-19陷入蕭條恐慌，但在二〇二一年，臺灣人均GDP卻逆勢成長，首次站上三萬美元的高點，同年臺股大漲百分之二十三．七。再隔一年，臺灣人均GDP破新臺幣百萬，時隔十八年反超韓國，人均國民所得（GNI）也同步領先。從二〇一六年起到二〇二三年七月，外資來臺投資金額達七百七十九億美元。其中以二〇二二年的一百三十三億美元，創十五年來的新高。

從「可能嗎？」到各種指數創下新高，這些發展的背後，是基礎建設的更新，國際經貿局勢的轉變，還有一場長達三十年的漫長轉型。

艱困的開始：新的成長動能在哪裡？

故事得回溯上世紀九〇年代，中國改革開放，迅猛擴張，世界迎來新一波的全球化——得力於中國低廉的生產成本，全世界的資金都流向中國。一峽之隔的臺灣，難以抵擋中國的磁吸效應，本土產業大舉西進淘金，逾七十萬青壯人口遠赴中國就業，臺灣本地消費不振，經濟成長乏力。全球化像一輛擁有超強引擎的推土機，所到之處剷平一切，只烙印下「Made in China」字樣。

當時最響亮的口號是「世界是平的」，當全球人才、資金向中國聚攏，民進黨要採取怎樣的經濟發展策略，一時還沒能看到清楚的方向。二〇一二年總統大選選後檢討時，中常委陳明文就問：「到底是要顧腹肚，還是顧佛祖？」

二〇一四年，歷史來到關鍵的轉捩點，馬英九總統第二任內，國民黨推動簽訂「服貿協議」，引爆太陽花學運。先前簽定的ＥＣＦＡ，已經令大家對依賴中國的經濟路線產生懷疑。臺商在中國，即便可以將組裝代工做到爐火純青、世界第一，但也無可避免將臺灣與中國綁在一起，依「生產要素價格均等化」[2]定律，臺灣也勢必落入無可挽回的低薪。特別是年輕人薪資被釘死在「22K」（二萬二千元），積累強大的世代怒火。學生擋住了服貿，說明親中路線失靈。另一方面，中國也變了，加入世界貿易組織後，中共強力扶植黨國資本主義下的中國企業，加上土地及勞力成本逐年墊高，臺商越來越居下風。

早在二〇一六年總統大選前，局勢已經明朗，中國不再是淘金寶地，臺灣這艘船必須及時轉向，擺脫對中國依賴，鋪建一條經濟產業自主的活路。

國發會主委龔明鑫在二〇二三年夏天一個週日晚間，對我們回顧往事：臺灣自二〇一五年下半年開始出現「連三季經濟負成長」，當時國際間金融海嘯、歐債危機等都已慢慢平息，可是臺灣卻出口緩滯、投資不振、公共建設停擺，全國陷入「悶經濟」泥沼裡，狀況最好時，也不過在保一之間掙扎。

雖然服貿被擋下，但還是有不少人認為，臺灣經濟要發展，只能依賴中國。二〇一五年，龔明鑫還在臺灣經濟研究院任職，但已經參與蔡英文的經濟政策，是產業政策小組的召集人。一位曾在國民黨執政時期擔任極高層職位的前輩，感受到蔡英文即將執政的態勢，多次對龔明鑫說：「經濟上，臺灣跟中國不能斷掉。」這位前輩說，他過去與外賓接觸，發現外賓百分之九十都是在談論中國，跟臺灣交流只是為了了解中國，臺灣只不過是他們的跳板。

願景與轉型

擔任國發會主委幾年來，龔明鑫的頭髮已經由黑轉白。思考時，他會細瞇著眼睛，像盯著腦裡的東西觀看。他回想起蔡英文執政前，在新境界智庫會議召開對產業轉型的討論：「總統說，這樣沒有辦法永續，這個國家會完蛋。投資都在海外，本地沒有投資，也沒有什麼成長動能，更不用說薪資要上漲，那完全是不可能的事情，連工作機會都沒有。」

龔明鑫被交付「找出新的成長動能」的任務：「總統那時候就說，我們一定要找到一個新的成長動能。除了原來的代工之外——代工當然不可能放棄——你一定要有新的成長動能。這個新的成長動能是什麼？一定要把它想出來。」

臺灣不乏優秀的企業家與經濟專業文官。前經濟部長沈榮津就是從經濟部基層做起的文官。一九八〇年代，他在工業局擔任科長時，正是臺灣的電子代工業者，必須配合國際客戶需求，進行技術升級的時候。從那時起，幾次重大轉型，從八〇年代的自動化、電子化，到九〇年代的數位化，沈榮津都參與其中。時隔三十年，產業再度來到需要更新的時候。這位歐吉桑在二〇一七年升任經濟部長，他過去豐富的產業轉型經驗，正好銜接上了蔡英文的產業轉型願景。

有很長的時間，臺灣的產業主流思維是「代工」：接國際大廠的訂單，幫別人實現別人的國家願景，卻與我們自己國家發展願景脫鉤——這雖然也是發展的一個過程，但如今也來到了重新思考的時候。「有一些國家他的思考不是這樣的。」龔明鑫說：「有些國家，比如說像日本，或是德國，他們會思考：我未來的三十年、四十年，甚至一百年、一千年以後，對我這個國家而言，到底什麼樣的產業是要永續存在的？是跟我們國家的生存有關係的？這個產業的發展，就跟國際景氣，或人家代不代工，比較沒有關係，是你一定要發展的。」

「我們要重新思考：臺灣，如果將來這個國家要持續存在一百年、一千年的話，到底什麼產業，是一定要發展不可的？」

由於選舉的週期，身在臺灣的我們，似乎習慣了政治人物提出的政策主張，只想四年，頂多八年，但是蔡英文要尋找永續的成長動能。龔明鑫試圖從民進黨的理念來思考：「民進黨長期在理念上的堅持，當然，一個是非核，另一個是低碳，當然還有數位國家、智慧島嶼。如果在類似這樣的願景之下的話，我們就要問一個問題：什麼樣的產業非發展不可？」

「五加二產業創新計畫」的升級方向——「智慧機械」、「亞洲·矽谷」、「綠能科技」、「生醫產業」、「國防產業」、「新農業」及「循環經濟」——就是這個問題的答案。

越基礎，越前瞻

要發展新產業，政府的角色是為產業創造必要的環境，打好基礎建設。

二〇一七年五月，行政院長林全端出八千八百多億元的「前瞻基礎建設計畫」，期程共二階段、前後長達八年。由於計畫包含範圍極大、時間長、又是舉債推動，一開始遭到各方質疑。當時林全感冒未癒，親自站上火線說明，不憚其煩地溝通再溝通。

林全說，自己最在意的著眼

二〇一七年五月八日，蔡英文總統視察「前瞻基礎建設——永安漁港」，聽取鄭文燦市長對於漁港建設的規劃與願景。

點，反而不是現實面表層的「拚經濟」而已，而是有著更高的「國家戰略」布局，他說：「前瞻是為未來三十年國家競爭力打底，所推動的產業經貿轉型。」

但是立院表決卻是一場混戰，那年八月底，立法院臨時會表決前瞻第一期預算，國、民兩黨僵持不下。民進黨立委手持的「投資未來、建設臺灣」、「理性問政，勿杯葛」看板，對上國民黨的「國會已死、民主之恥」標語，互不相讓，直到凌晨一點十二分才三讀通過，前後總計表決超過二千五百次，創下立院紀錄。國民黨立委到最後仍然表示不滿，紛紛把預算書丟上主席臺，現場狼藉雜沓，宛如哄然散場的流水席。直到今天，質疑聲浪始終沒有真正消失過。

如今回想起當時面對的質疑，林全說：「講老實話，我從來不預期我會在行政院待太久，我覺得該做的事情，我能做就盡量做。如果一件事情真正該做，就趁這個機會趕快來做，把它規劃起來，之後就照這個來做，讓大家看清楚。」身為財稅專家的他特別指出：從前政府列特別預算，經常排除在《公共債務法》之外，可以另外舉債。但他提出的計畫並不跨越舉債上限。之所以作為特別預算來提出，是為了讓所有人能看到建設全貌。言語溫和的他在洶湧的質疑前並不退讓，說道：「時間不等人，國家進步不能等。」

這些基礎建設，目標在解決臺灣長期的問題。其中許多項目並不花俏，卻很重要。舉例來說，臺灣的水資源問題，林全主持智庫時，張景森便已經找來屏科大丁澈士教授與前水利署首任署長黃金山，分別規劃伏流水以及越域引水計畫。

所謂伏流水，是地面水下滲，經砂礫石過濾後的淺層地下水，清澈潔淨，可當作「地下水庫」，丁澈士教授是這方面的專家。其實一百年前，日人就在屏東林邊溪上游興建地下集水廊道「二峰圳」，蒐集伏流水，百年來穩定供水。但這項技術很長一段時間不受重視，集水廊道也年久失修而毀損，蔡政府上臺後完成修復工程，才恢復原有的出水功能，即使枯水期每日平均出水仍近十三萬噸，相當於可以穩定供應南臺灣至少四十萬人的民生用水。

前民進黨政策會副執行長施克和說：「這個東西其實臺灣人現在沒有感覺，但是我們沒有缺水，某程度跟這些水的運用很有關。」他在政策會親身經歷了政策討論現場，看著一群學者超前部署在規劃水的問題。二〇二一年，臺灣遇到百年大旱，中部水庫幾乎見底。後來當基礎建設中的水源調度設施陸續完成，近兩年臺灣已經不再有缺水問題。張景森說：「你想如果沒有之前全部的準備工作，怎麼可能一上來的時候就有辦法說要做這些事？」

水環境建設只是其中一例。前瞻基礎建設的其他面向，如軌道、綠能、城鄉、數位、少子化、人才培育、食品安全，也都是攸關國家未來長期發展的重要基礎。

在龔明鑫心目中，蔡英文在臺灣進行基礎建設升級，與梅克爾（Angela Dorothea Merkel）對德國的貢獻類似。梅克爾上任成為總理時，德國曾面臨經濟、財務、失業率、成長動能低落的困境，被譏笑為「歐洲的紙老虎」。但是梅克爾上臺後，編列特別預算、加大公共投資、推動創新。幾年以後，德國成功蛻變。「這就是蔡英文在做的事情，」龔明鑫強調：「一個國家如果沒有投資，怎麼可能會有未來？但是重要的是，你要『先』投資未來，才有未來。」

……一觸即發：預知貿易戰紀事

在臺灣扎根基礎建設的同時，國際上的局勢也發生了變化。

貿易戰早有跡象。過去二十多年，中國加入WTO之後，全球化的惡果浮現。龔明鑫說：「因為這是一個不均衡的發展模式。這個供應鏈的大一統，最後一個階段是在中國，供應鏈的紅利，幾乎全部被中國收割了。這麼不均衡的世界，不可能持續下去，遲早一定會逆轉，或被打破。」當轉變的時刻來臨，臺灣要做好準備。

二〇一七年九月，林全辭去行政院長。林全在任內頂住壓力，進行了年金改革、前瞻基礎建設計畫，離任前也發揮他的財稅專長，提出稅改方案。不過因為任內進行了多項困難的施政，滿意度一度低落，林全也以完成階段性任務而請辭。蔡英文任命曾任四屆立委的臺南市長賴清德，為下一任的閣揆。

蔡英文在閣揆交接典禮上說：「賴清德內閣是一個怎麼樣的內閣，這個問題，我將留給新的閣揆自己去定義。不過，我相信，他過去的魄力將會展現在中央的施政上。改革方向已經很清楚，賴清德院長將會帶領行政團隊，排除萬難，全力衝刺。」她提出對新內閣的七項期許，包括加速執行五加二產業創新計畫、前瞻基礎建設計畫、能源改革計畫等等。[3]

賴清德上任後，著手解決企業投資臺灣的「五缺」（缺水、缺電、缺地、缺才、缺工）問題。例如他在會議上拍板定案修正《產業創新條例》，長期閒置不用的工業區產業用地將可被強制拍賣。這表示持有工業區土地的企業，若沒有落實投資，時限到後，土地將可被拍賣釋出，讓其他有意願投資的產業不會缺地。那段期間，經常可見賴清德率各部會召開記者會，說明「五缺」的解決情形。

二〇一八年三月，美國總統川普（Donald John Trump）公布根據美國「一九七四年貿易法三〇一條款」對中國調查結果，認定中國違反智慧財產權、以不正當手段取得技術，並直指中國經濟侵略，損害美國利益。貿易戰風雨欲來，卻又態勢不明，過去的供應鏈看似即將被打破，但美中雙方仍然在協商中。

現在回頭看來，賴清德內閣在這段時間的兩個決策，奠定了往後幾年投資臺灣大爆發的基礎。一個是在二〇一八年底推出臺商回臺方案，另一個是擴大離岸風電的開發規模，從原來的二〇二五年目標新增三GW[4]，變成新增五．五GW。臺商回臺方案承接了美中貿易戰後回歸的臺商。風電則讓台積電等企業有綠電可用。賴清德一共召開了二十四次的「加速投資臺灣專案會議」，七次「育人攬才及移民政策專案會議」，也鬆綁了不少排除企業投資障礙的法規。這些也是蔡英文盯得很緊的問

二〇一八年一月二十四日，行政院長賴清德出席「臺灣企業家圓桌會議」，會中表示希望能以「前瞻基礎建設計畫」、「五加二產業創新計畫」與「新南向政策」，帶動臺灣經濟結構轉型。（攝影：林育緯，鏡週刊提供）

題，所以賴清德也經常帶部會首長去總統府簡報。

二〇一八年七月，賴清德行政院長任內，經濟部成立了「投資臺灣事務所」。經濟部簡任祕書王法權原本是蔡英文的文稿幕僚，後來進入經濟部工作。他說明這個政策背後的思維：「經濟部那時候做了『投資臺灣』方案，成立了『投資臺灣事務所』，這是一個單一窗口。因為對廠商來講，投資最煩的就是有的時候需要土地、有的時候需要其他方面的協助，要找太多政府機關，溝通成本很高。這個機制讓他們找一個單位就好。政府跟政府連結比較容易，由我們再去找其他的單位，幫助企業把它串起來。」

就在經濟部大力布局投資臺灣方案的同時，美國總統川普開了貿易戰第一槍，對中國進口商品徵收高達百分之二十五到百分之三十「不公平貿易稅」。習近平不甘示弱，回以「以牙還牙、奉陪到底」八個字，對美亮劍。當臺商在中國生產的商品要進入美國市場，將被課徵至少百分之二十五的關稅，首當其衝就是在中國設廠的電子產業。再加上近年中國環境的種種不利，比較洞燭機先的臺商開始有回流的跡象。而剛成立的「投資臺灣事務所」，正好穩穩承接著這波回流潮。

雖然有外在環境的因素，準備還是必要的。王法權回顧道：「這個事情現在回頭來看，是一個滿有效率的作法。沈部長一季會交一次報告給總統，我記得是提前達成。完成了這樣的目標以後，下一個目標應該做到什麼程度，總統也會再跟部長討論。像我們這個『投資臺灣』方案，本來三年的方案，現在變六年，也是總統決定的。」賴清德行政院長持續解決著產業環境的實際問題，到立院備詢，向外說明。蔡英文則在總統的高度上把握方向目標。總統不需要到立院備詢，雖然有些人對此持有不同看法，但這個憲政特點讓總統的角色能夠與閣揆有所區隔，相對不受短期政治風暴影響，而能看得更全面，讓執政方向得以跨越閣揆人選任期，而有延續性，為臺灣規劃比較長遠的未來。

龔明鑫記得清楚，第一家返鄉的臺商是網通股「智邦」，但是它極為低調，並不張揚。當時龔半信半疑，心想：這一波臺商回流會不會只是「暫時的」？因為雖然從前幾年起，中國整體環境已經開始對臺商不再友善，工資上漲、招工不易、法規趨嚴、稅率不再優惠，而且要加上後來的「五險一金」（養老、醫療、失業、工傷、生育保險與住房公積金）。可是當時很多臺商想走也走不了，一旦想把產能移走，就會遭到當局警告，甚至要求過去各項優惠得統統吐還。所以，一開始，龔明鑫還認為臺商回流沒有那麼簡單，智邦或許只是暫時的、曇花一現的個案。

他沒有困惑太久。當第七家「廣達」宣布回臺設廠時，他懸在心裡的石頭才算落地。二〇一八年，廣達買下林口華亞科技園區廠房，林百里親自在法說會上公開宣布，準備在臺灣擴大「高階伺服器」的生產線，同時開發AI實驗室。大約這個時間點，正是蔡政府陸續推動「歡迎臺商回臺投資行動方案」[5]的時期。

龔明鑫觀察到，過去「電子五哥」（鴻海、華碩、宏碁、廣達、仁寶）離開中國，生產線轉移，都非常低調，很多廠商都用A、B、C公司當代號，完全不願曝光。然而，這一回，林百里的氣勢完全不同。

林百里為什麼這樣做？龔明鑫研判說：「我覺得他要讓全世界人知道，廣達的產能要回到臺灣。以前低調離開中國，是怕老共生氣；現在離開中國，是要讓全世界知道：我離開中國了，這個產線做得到資訊安全，放心把訂單都交給我吧！」

廣達回臺，是非常大的逆轉與改變，也帶給龔明鑫很大的信心。像一個風向標，他更確定臺商回臺將是時勢所趨，而且必定絡繹不絕。龔明鑫表示：「這是過去三十年從來沒有過的現象。」他預判，隨著中國供應鏈的裂解、重組，未來一定會有另一條「非紅供應鏈」，取而代之。

第一批臺商回流，百分之七十五為電子產業。由於電子產業具有較完整的供應鏈，電子業回流也就帶動了其上游零組件供應鏈的新投資案。當時，所有回臺的投資案，都跟時間賽跑，「投資臺灣事務所」的一站式服務提供了很大助力。

細節控的蔡英文緊緊盯著這些投資的進度。王法權觀察兩位部長和蔡英文的溝通模式：「經濟部都會向總統報告最近的貿易情況，有哪些重大的投資案。她發現這個投資案這次報告有，下次報告沒有了，就會問為什麼沒有了，進度到哪裡了？比較友善的時候寫個紙條，等我們匯報。如果比較『那個』的時候就會打電話來問，她會關心到這種細節。可是也因為這樣子，所以像沈伯伯（榮津）或美花（部長），對這種事情都非常謹慎。」

疫情期間：產能不斷鏈的背後

二〇一九年末，COVID-19爆發。臺灣防疫因為做得好，產線不停擺，而在全球受困於疫情的期間，逆勢成長。但是，這個「防疫特別好」並不是天上掉下來的。雖然這件事與經貿轉型看似沒有直接關聯，卻是轉型路上的一次嚴苛考驗，也說明了臺灣經濟官僚在維護、創造利於產業發展的環境上的努力，因此無法略過不談。

二〇二〇年一月底農曆新年除夕，大選剛結束，當大部分的人闔家團圓之際，蔡英文打電話給衛福部長陳時中。幕僚回憶，因為擔心塞車，那天蔡英文提早到達金山，準備參加法鼓山的新年撞鐘祈福法會。等待入場時，她從晚上八點多到十一點多都在跟各部會通話，盯防疫計畫。接近跨年時，她暫停通話去參加祈福。活動結束，又和陳時中繼續討論到兩、三點。

當時擔任行政院政務委員的龔明鑫，大年初二在嘉義接到總統府的電話，要他年後提出經濟面的經濟影響評估及因應政策。他沒預料到過年還要工作，筆電也沒帶回家，臨時趕快去買臺新的。炮竹聲中，他坐在老家書桌前，用全新的電腦準備了一份書面報告，傳給總統。

龔明鑫在臺經院的時候，曾經研究過SARS對經濟的衝擊與影響。他

二〇二〇年三月五日，蔡英文總統訪視「長宏機械公司」，為參與「口罩國家隊」工具機業者打氣。

從研究中歸納出的結論是，一定要優先保住製造業。「服務業因為人與人的接觸，不可能不受影響，只能救它；但是一定要保住的，是生產跟製造的體系，如果生產製造也受到衝擊，就會完蛋，等於全滅。」動作必須要快。

初六一早，總統召開國安高層會議，全面研究防疫對策。國安會議後立刻啟動特別預算與特別條例，為後來能快速因應防疫和紓困，奠定了基礎。不過這才只是開始。

同樣是二〇二〇年大年初二晚上十點，沈榮津接到指揮中心的電話後，帶著經濟部同仁到疾病管制署開會，想辦法將六百萬片口罩由臺南六甲、烏山頭水庫附近一家工廠領出來，隔天配送到全國一萬一千個販售點。忙完已經是隔天清晨四點。

但是，口罩需求與日俱增。一月底時，全臺口罩日產能僅有一百八十八萬片，不足以供應全臺人口的長期需求，行政院副院長陳其邁經常晚上一兩點打電話給沈榮津討論對策。在經濟部多年，與產業界相當熟悉的沈榮津，立即召集了工具機公會、工業局、商業司、紡織研究所，勉強湊出六十臺工具機，但卻需要半年工序調度組裝，經濟部與業者開會協調，結果各業者率百餘名幹部北上來到五股工業區，捲起袖子組裝口罩機。經濟部設置七個生產工作站管理，沈榮津每天坐鎮催加工件、材料、人員之配置，協調不織布公會全力支援中間層最關鍵的熔噴布。前工業局楊志清副局長連續駐廠二週，一路解決各種疑難雜症。

三個月後，口罩國家隊加計原有產能，合計日產已達一千六百萬片。在日產達到二千萬片目標的前一天，蔡英文帶著蛋糕來到五股工業區廠房表達感謝。

口罩產能穩定後，臺灣還進行了一千六百萬片口罩的對外援助。沒有料到的是，後來當臺灣短缺疫苗的時候，當初獲贈口罩的國家，也回過頭來援助我們疫苗。外交部長吳釗燮說：「口罩捐助，無意之間，啟動了一場外交上的善的循環。」有些國外廠商也因這個機緣，開始與臺灣廠商接洽合作：防護衣、不織布等「機能布」打入國外市場。短短時間，從原本的緊急應變，意外打開了產業之門。

口罩生產線只是疫情中臺灣產業的一個面向。其實，臺灣政府、經濟官僚，在幕後盡了很大的努力，要保住產業。

為了保住產業，首先要讓企業不要裁員。否則一旦企業開始裁員，除了產能流失，失業人口需要紓困、也失去消費能力，又會造成惡性循環。因此經濟部第一時間與產業協調，在不裁員的情況下，政府補助薪資的一半，集中資源保住工人的就業。同時政府協調銀行，不對企業「雨天收傘」、「抽銀根」。「我們就用國家保證的機制，來協助他。事實證明，企業的違約率非常非常低，甚至反而是下降。」龔明鑫說：「所以就是說，保住了人跟企業的金流，然後保住了我們的產業。」

龔明鑫也特別請衛福部醫事司的司長石崇良，幫工業局上課。要工業局研究製造業要如何進行分艙、分流的動態設計，然把工業生產防疫的SOP發給各企業，幫助產業應對疫情。後來在臺灣的疫情中，製造業只有兩個較大的群聚感染事件，都在外勞宿舍，也很快處理妥當。製造業受到的影響很小。

「也因為這樣，臺灣的生產供應鏈，沒有受到什麼影響，可以持續地生產，沒有斷鏈的問題。其他國家反而是產生斷鏈的問題。所以訂單都跑來臺灣。」

龔明鑫說。

疫情後的新世界：與回流企業一同升級轉型

根據外貿協會指出，二〇二二年臺灣工具機產值近四十億美元，全球排名第七；出口金額三十億美元，出口排名全球第五。臺灣工具機業展出一系列前瞻性概念產品，包括自動化結合綠色製造、智慧化精簡加工工序，以及高性能周邊智慧元件的整合應用。

滿頭白髮的沈榮津，是一部行走的臺灣產業轉型史。他在蔡英文政府中，從經濟部政務次長、經濟部長、行政院副院長，一路做到臺灣金控董事長、總統府資政。在經濟部長任內，他因為經常上媒體，用極具親切感的笑容與口吻向民眾解釋經濟政策，而獲得了「臺灣最強歐吉桑」的稱號。歐吉桑經歷過八〇、九〇年代的臺灣經濟轉型，從基層做起的歷練，在蔡英文的願景中獲得了新的舞臺：參與推動這一階段的產業升級，包含「智慧化」──利用物聯網（Internet of Things，IoT）、大數據、ＡＩ轉型為「工業四．〇」，以及綠能產業、國防產業等新發展。

為了幫助產業轉型，經濟部工業局有「工業四．〇服務團」，沈榮津說：「工業局會去找各行各業的產業公協會，請他們推出一個代表申請這個案子，委員審查過了以後，我們輔導團隊就盡情幫他輔導，輔導完了，補助轉型經費，比如說廠商出一半，政府補助一半，但是你以後就是要毫不保留，把成果開放給大家研究，給同業來參觀。」

例如東台精機輔導光陽機車，打造全臺首條「關鍵零組件智慧生產線」，運用精密敏銳的感測器，讓機器設備變聰明，輔以ＡＩ做最佳運算，標定最佳化的參數，將生產線效率最大化。

目前參與智慧機器示範計畫的廠商，涵蓋航太、汽車、機車、精密機械、製鞋、水五金及手工具等產業。沈榮津說：「這樣就可以讓我們的產業利用這一波來做工業四．〇，導入智慧化的生產製造，這個就不是在拚價錢。」

沈榮津也提到，智慧化生產最重要關鍵在於感測器，特別是昂貴的工業級感測器，擁有含金量極高的專利。二〇二二年十月，臺灣被動元件龍頭國巨，以逾二百億臺幣收購法國高階工業感測器公司[6]，對於臺灣發展工業四．〇非常有利。政府確立政策方向，為他們創造良好的條件。

沈榮津帶著他的招牌笑容說道：「所以說臺灣的企業、產業真的很厲害，又很可愛。一步一步扎實地做。到後面我們要整個產業升級就有依據、有基礎。」其他如綠能產業，也在這幾年有了相當大的進展，當中不少也是臺灣企業主動積極轉型，走出新路。

有了智慧機械與智慧製造的鋪陳打底，讓這波回流的臺商也同步受惠。臺灣土地、勞力有限，只適宜發展高附加價值的產業，龔明鑫指出，政府給予鮭魚返鄉的臺商各項優惠的同時，也要求他們不能複製跟過去在中國一模一樣的產線，必須提升為智慧化生產製造，並且最終要朝向「淨零排放」來轉型。

在全球供應鏈重組的過程中，臺灣最有優勢的產業，包括網際通訊、高階自行車、智慧家電、數據機、雲端、AI、物聯網及車聯網等，也在這一波時移勢轉中進行轉型升級。例如巨大集團，在中國腳踏車業務萎縮，但在歐美日澳等地區卻大幅增長百分之十，而且以公路競賽型高單價車款最受青睞，每輛單價甚至超過三、四十萬元。

另外一家原本以石化產業起家的長春集團，近十多來年來，從印刷電路板轉向電動車鋰電池負極關鍵材料之「銅箔」，靠著薄度僅有六微米、約頭髮十分之一的銅箔，搶占全球電動車產業鏈關鍵地位，不只成為世界前五大鋰電池供應商的客戶，市占率更突破百分之二十。長春用ＡＩ，在線上即時進行瑕疵檢測，大大提高良率，打入特斯拉供應鏈，技壓日本。

臺灣產業進入轉型升級時代。龔明鑫指出，同樣是成本考量，智慧生產線是憑藉「創新技術能力」來節省成本，與過去極力壓低生產成本的代工思維完全不同。未來全世界的經貿談判，凡是利用低廉勞工、土地、原料、關稅等「條件方法」生產的產業，都會受到限制，甚至禁止。尤其龔明鑫近來參與的《臺美21世紀貿易倡議》[7]，裡面更提高勞工、環保標準，增列反貪汙等要件，為未來貿易談判樹立新典範。將來國際貿易的遊戲規則只會日趨嚴格，龔明鑫說：

「這些對我們反而有利，等於我們在做超前準備。」

過去三十年來，臺灣跟中國有個重大的區隔在CP值（性價比），簡單說就是投資中國CP值比較高。然而，未來的世界，CP值已不再是最重要考量。物聯網時代，所有資訊缺口都有可能成為國家安全隱憂。美國政府、企業開始對中國生產的伺服器、網通設備有安全疑慮。二〇二一年，Google進駐板橋遠東通訊園區「Tpark」，是谷歌第一座海外硬體研發基地，將聚焦開發與測試多種硬體產品，包含Pixel手機、Nest智慧裝置、Chromecast等，也將

二〇一九年四月十七日，蔡英文總統參訪 Google 臺灣辦公室。

整合Google AI人工智慧、軟硬體技術，成為能量可期的創新樞紐。遠東集團董事長徐旭東透露，美股市值五大巨擘（Meta、Apple、Amazon、Microsoft、Google）將一一到齊。

二〇二三年三月，經濟部投資業務處指出，「投資臺灣三大方案」在過去四年多，已經通過了超過一千三百家企業的新投資案，迄今總投資金額逾二兆三百五十六億元，已創造超過十四．四萬多個國人就業機會，該計畫預計延長至二〇二四年，盼帶動相關投資九千億元，再創造四萬個就業機會，預期總投資金額將達二．四兆元。如今回頭看，如果沒有前瞻基礎建設預先布建，包括工業區土地、廠區、水電等基礎設施的建置，也就不能承接住臺商回臺潮。

總統的雷達

林全內閣啟動前瞻基礎建設，賴清德內閣開始「投資臺灣事務所」，蘇貞昌內閣守住疫情，讓產能不中斷。至於蔡英文總統呢？除了在幕後管理著這一切，她還有哪些特別關心的事？

位在福州路的經濟部，建築物看起來有些陳舊，其實這裡是產業政策的中樞。部長室的幕僚辦公室牆上有一面電視，音量調成無聲，畫面一直停留在國會頻道，陳建仁院長正在臺上接受質詢。

在幕僚的口中，蔡英文關心的不只是半導體等一般人眼中的明星產業：「像中部的機械、工具機，她也是超級關心，很常去跟他們座談。」總統有許多行程，常會在行程中安排到各地的工業區，把工業區裡的人邀請來一起吃午餐，聽大家講話。

「上一次她去了苗栗的一個比較舊的工業區，她一進去就說：『哇，這個工業區太舊了！你們全部的人都要開車來，卻沒有地方停車。』就連這種事情，她都會注意。」

蔡英文回到臺北就問，為什麼這個工業區這麼舊，都沒辦法翻新？當時陪同的經濟部政務次長與曾文生向她解釋：因為那裡是比較老的產業，沒有新產業進來。蔡英文就請他研究：原來的產業要怎麼協助他們更新自己的產品？如果有新的產業要進來的話，要怎麼吸引他們？假設有人要退場，有人要進駐，機制要怎麼做？

這些老舊工業區升級的案例，最成功的是桃園龜山工業區，從蔡英文參觀時的陳舊，到後來一變為高科技廠商的園區。過程有經濟部當保母，協助、照顧業者的需求。也因為這樣，經濟部經常入夜之後，仍然燈火通明。

對於蔡英文緊盯產業政策、產業環境的細節控傾向，幕僚說：「她的風格是一旦進入她的雷達，放到她的清單裡，你就非得把它做到完。」

被稱為臺灣「護國神山」的半導體產業，當然也在總統的雷達裡。半導體業者說需要人才，蔡英文便拍板了「半導體學院」。從法規面開始，二〇二一年通過《國家重點領域產學合作及人才培育創新條例》，準備在國立大學成立產學合作的「研究學院」，專門培養半導體產業需要的人才。

「半導體學院」開辦前，蔡英文邀請半導體企業老闆們，到官邸吃飯。除了請老闆們談談對人才的需要，也告訴他們，政府會為「半導體學院」出多少錢，請民間有相應的支持，未來從半導體學院培養出來的人才，不會指定到哪個企業，但是這些人才培養出來，都是業界的資源，政府就是會從頭開始培養人才，和業界一同長期走下去。結果各企業都願意出資贊助。企業出多少錢，國發基金也相對挹注。經費充足之下，臺大、清大、陽明交大、成大的半導體學院首先成立，中山大學也已開辦。那天在官邸的餐敘，堪稱一回最有效率的募款餐會。

以人為本的新南向

新南向是蔡英文一上任就推動的政策。和她的許多政策一樣，有個不被看好的開始，後來卻局勢逆轉。

王法權回憶：「她二〇一六年開始推新南向，一開始大家都一直唱衰，就覺得沒結果，怎麼可能。然後到今年（二〇二三年）的上半年，臺灣去新南向國家投資，是臺商去世界各地投資金額最高的。新南向國家來臺灣投資的金額也一直增加。」

二〇一九年五月，龔明鑫接受彭博社專訪時，指出基於資安風險的疑慮，企業正加速轉移在中國的生產線。「紅色供應鏈」裂解之後，會變成多極、多樣、多變的供應鏈型式，也是比較健康的生產模式，最後他使用了「非紅供應鏈」這樣的說法。他說，彭博社的記者當時還反問他，一定要用「非紅供應鏈」那麼強烈的字眼嗎？龔明鑫表示，「將來一定會有『非紅供應鏈』產生，這是千真萬確的。」

把所有供應鏈集中在某一個區域，事實證明風險非常高。臺商從中國出走後，除了回臺，也分散到東南亞國家。例如高階伺服器需要高階工程師相關人才，原則上以臺灣作為生產的研發基地；至於製程成熟已能量產的中低階產品，臺商就會遷到越南或是其他的國家去布局。

龔明鑫就提到，早在蔡英文尚未執政時，他們就預判到，東南亞市場會很快興起，蔡英文一上臺就推出準備已久的「新南向政策」，也下決心要加入

TPP（跨太平洋夥伴關係協定，現更新為CPTPP）[8]——臺灣未來將與CPTPP十二個會員共同打造新的區域經貿關係。

政府推動「新南向政策」以來，臺商投資金額即呈現爆炸成長，二〇二三年上半年起更首度超越中國，已成為不可逆的常態性趨勢。經濟部投審會統計，至今年十月臺灣對新南向國家投資金額為四十八・一億美元，超越對中國投資二十六・四億美元，這也是自一九九三年以來，再次超越對中國投資金額。

除了統計上可觀的投資貿易總額直線上揚之外，外交部長吳釗燮更強調「人與文化」的交流。他舉例說，印度是新南向國家最重要的國家之一，目前印度來臺灣留學研究人數倍數成長，「光在中研院，就有四千個來自印度的博士後研究員，你可以想像得到，臺印之間透過人員往來的力量有多大。」

吳釗燮在一場演講中提到「以人為本的南向政策」，他的本意在於，臺灣跟這些新南向國家的交往，不再只是政府跟政府之間的外交思考，而是建立人與人之間的關係，例如，臺灣對伊斯蘭的友善程度，包括飲食上的「清真認證」（Halal Certification），吸引很多印尼和馬來西亞人民願意來臺灣，「這類人與文化的關係的布局，是深入到一般民間社會的。」

蔡英文也將加入CPTPP訂為目標。吳釗燮說：「加入CPTPP，是我們的一個戰略選擇。」CPTPP貿易的標準很高，等同於自由貿易。如果臺灣可以加入CPTPP，就等於我們同時有十幾個自由貿易協定，所以這是一個高度戰略的選擇。英國當初也是談判磋商三年之久才獲准加入，臺灣自然快不了，我們必須要去跟每一個會員國進行非正式的磋商，個別國家提出各自卡關的議題，這些都要一一解開，才能夠談出一些比較具體的結果，吳釗燮說：「但光是談判的過程，就能促進彼此的關係，是很正面的。」

蔡英文焦慮的一天

然而這每一步，其實都走得不易。比起兩次總統大選，二〇二一年時，曾有一次「四大公投」，令平常看起來很冷靜的蔡英文憂心不已。李拓梓說：「她非常焦慮。」

四大公投案，也就是通常被簡稱為「核四重啟」、「反對進口萊豬」、「公投綁大選」、「三接遷離」的四個公投案[9]。其中三個公投案的結果，會攸關到蔡英文重視的綠能、經貿轉型能否走下去：「核四重啟」如果通過，將重啟安全有疑慮的核四；「禁止進口萊豬」如果通過，臺灣會成為申請CPTPP的國家中，唯一一個不依國際標準看待豬肉進口的國家，將影響臺灣加入CPTPP的前景；「三接遷離」如果通過，將影響能源轉型。第三個公投案：「公投綁大選」，則是容易在大選的激情中，壓縮討論重要公共議題的空間。

這四個題目都攸關蔡英文的政策能否走下去，但也都是很容易被操作的議題。民進黨發動「四個不同意」的宣傳，但是幕僚都沒有把握。這四個議題都不是簡單的問題，需要說理，需要理性判斷。理性是蔡英文本人的強項。但她過度理性的說明，比較不張揚的說話方式，也常被人質疑：「妳說這些，選民聽得懂、聽得下去嗎？」

公投前，蔡英文不斷地對公眾演講，不斷地說服。她修改講稿，要求加數據、加資料、加論證。李拓梓首當其衝承受了蔡英文的焦慮，一篇稿子寫了又寫，修了再修。寫到後來他心裡都產生懷疑，公投前一晚還在解釋四個公投案的內容，真的有用嗎？

公投的前一天，正好是《光——臺灣文化的啟蒙與自覺》展覽在北師美術館開幕的日子，這是黃土水《甘露水》重見天日後，第一個面向公眾的展覽。李拓梓曾經參與《甘露水》被交付給國家的過程，他把講稿改完最後一版，就離開辦公室，去參加展覽的開幕。那天的開幕儀式非常動人，保管《甘露水》近五十年的張醫師家族代表——張士文醫師，向多年來他們稱她為「姊姊」的《甘露水》道別。但李拓梓的手機一直在震動。從厚外套口袋傳來的震動是蔡英文的焦慮，她還在改稿。

當天晚上，民進黨在凱達格蘭大道上舉辦「公投選前之夜」。收拾好焦慮的蔡英文壓軸登場，走上講臺，拿出她最擅長的說理，像個老師般循循善誘，把四個公投案再細細對聽眾說明一次。最後她對著臺下說：「你們決定了嗎？決定了嗎？」「你們的決定是什麼？」底下的支持者熱情回應：「決定了！」「四個不同意！」

李拓梓說，幕僚從來不敢樂觀，沒想到「四個不同意」會全部成真。他們想過可能會兩勝兩敗，最好的情況可能是三勝一敗。但到了次日中午，看到投票率時，他們覺得有希望了。因為投票率滿高，大概四成多，表示蔡英文的支持者都有出來投票。接近傍晚，幕僚們出發到官邸去，準備總統當天要發表的演說講稿。

蔡英文見到李拓梓時，焦慮陰霾已經一掃而空，她對著這位公投前為她改講稿、改到七竅生煙的幕僚說：「我昨天晚上是不是講得很好！」

在關鍵的時候，是公民的信任，讓蔡

二〇二一年十二月十七日，民進黨在公投前夕舉辦大型公投說明會，蔡英文總統號召臺灣隊站出來，籲請民眾投下四個不同意票。（攝影：李智為，鏡週刊提供）

英文的產業政策可以走下去。

不是賭對了，而是做對了！

龔明鑫說：「經過八年努力，我們在國際間已經有一席之地了。當然也選擇了幾個可以連結的對象。比如說在物聯網產業的部分，或新創產業，我們叫作亞洲·矽谷。所以它當然就是要跟矽谷有比較好的連結。生醫的部分，主要是跟美國東岸的波士頓來做一些合作。智慧機械當然主要就是跟德國跟日本合作。」

回顧這整個產業轉型、走向世界的過程，一方面有美中貿易戰、疫情全面封控的推力，一方面有蔡英文銳意創造的經貿產業轉型的拉力。有些條件我們求不得，純屬時勢造浪，有些條件則是事在人為，必須加以規劃，去跨越發展的門檻。

鄭麗君是前文化部長，但她一直以來參與的政策討論，不僅限於文化部門，現在（二〇二三年）正擔任賴清德競選總部國家政策藍圖召集人。她回顧了過去三十年，臺灣一路從民主化，到經歷全球化，曾經面對的困境，「這個困境一直到這幾年才開始扭轉，臺灣終於長出了內生的經濟成長的動能。」鄭麗君說：「我覺得如果回頭看，蔡總統這兩任是滿大的轉型，我自己有一點興奮，覺得臺灣在民主化之後，我們直到現在才真正重建國家的角色，讓它創造出人民所希望、所想要的。」

沈榮津在經濟部經歷過五位總統，他心中自有天平。他說，蔡政府做對了「投資臺灣」跟「產業轉型升級」，他扳著手指，點名似地說，臺灣現在已經有了高科技研發中心、高階製造中心、半導體先進製程製造中心、綠能發展中心，「這四個中心如今補得淋漓盡致，我們開始走向收割階段，如果持續下去，臺灣還會繁榮三十年。」他為訪問做了總結，想到自己這幾年的參與，他轉換語氣，靦腆地說：「啊，我一個農家子弟，父母不識字，我也沒有背景，有這個機會為這個土地服務，我真的很珍惜，每天都歡喜心面對，真的，就這樣而已。」

二〇二三年七月，廣達因受惠於人工智慧熱潮，同時在ＡＩ、雲端、筆電，連中三元，股價飆漲到二十三年新高，市值推進到六千六百多億元，林百里成為臺灣新首富，距離他回臺投資還不到五年，《財訊》發行人謝金河說：「林百里這賭注下對了！」

但是，如果知道背後有這麼多人群策群力謀求臺灣永續發展，林百里的決定根本就不是一場賭注，而是明智的抉擇。「事實證明，我們做對了！」龔明鑫說。他的預估沒有錯，二〇一九年臺灣經濟成長率真的超過百分之三，二〇二一年更因國內產能持續提升，挹注出口動能，經濟成長率更上一層樓，達到不可思議的百分之六．二八，領先世界大部分國家，破了臺灣十一年的紀錄。

十多年前，還曾掙扎著要「顧腹肚」還是「顧佛祖」。二〇二三年，全球面臨通膨物價上漲、戰爭等因素導致的不景氣，臺灣還是相對穩定。世局多變，未來的路不會沒有困難，但至少，臺灣不是完全無力應付的。

那份寫給蔡總統，預估百分之三經濟成長率的報告，象徵了這一連串改變的起點，龔明鑫一直珍藏著。

1. 前瞻基礎建設計畫包括：軌道建設、水環境建設、綠能建設、數位建設、城鄉建設、因應少子化友善育兒空間建設、食品安全建設，以及人才培育促進就業之建設等八大建設。四年後接續前瞻計畫（又稱前瞻二・〇）除延續均衡區域發展、強化偏鄉建設等計畫外，並針對5G、數位發展、AI、資安等「六大核心戰略產業」持續推動所需基礎建設，並擴大數位轉型、環境永續及打造韌性國家等。

2. 生產要素價格均等化（Factor Price Equalization）指的是，當各國在走向自由貿易的過程中，商品的價格被均等化，那麼生產要素（資本和勞動力）的價格也將在各國之間被均等化，拉成同一水平。

3. 總統府〈總統宣布行政院長人事　感謝林全院長　並期許新內閣加速改革建設國家〉https://www.president.gov.tw/News/21567。

4. 一KW（Kilo Watt）為一瓩（一千瓦）；一MW（Million Watt）為一百萬瓦；一GW（Giga Watt）為一百萬瓩（十億瓦）。

5. 行政院指出「投資臺灣三大方案」至二〇二一年年底止，總計吸引一千一百四十四家企業投資逾新臺幣一・六兆元，創造超過十二・八萬個工作機會，已成功引導臺商及境外資金回臺投資，並導引國內中小企業升級轉型，更為經濟帶來強大的支撐動能。二〇二一年底「投資臺灣三大方案」第一階段完成之後，行政院宣布自二〇二二年始，再延長三年。因考量全球供應鏈轉移、國際情勢轉變、疫情穩定訂單增加等，為維持民間投資力道，同時鼓勵廠商智慧升級轉型，三大方案將延續至二〇二四年，另為符合二〇五〇年淨零碳排目標，增列廠商必須提出減碳方案。總計新增貸款額度四千三百億元，未來三年將帶動九千億元投資及創造約四萬個本國就業機會。

6. 二〇二二年十月，臺灣被動元件龍頭國巨宣布以六．八六億歐元（約二百一十四億元臺幣）現金收購法國能源及電機大廠施耐德電機（Schneider Electric）旗下的高階工業感測器事業部（Telemecanique Sensors）。它是全球領先的關鍵機電與電子感測器設計、開發及解決方案的供應商，產品包括高階極限開關、近接感測器和壓力感測器等，並廣泛使用於快速成長的物聯網電子量測、工業自動化與基礎設施領域。

7. 二〇二三年七月立法院剛審查通過的《臺美21世紀貿易倡議》，可說是臺美從一九七九年來最具規模、最全面的貿易協定，向國際宣示臺灣經貿規範符合國際化標準，有助於申請加入跨太平洋夥伴全面進步協定（CPTPP），也為未來臺美洽簽自由貿易協定（FTA）奠定基礎。倡議聚焦十一項議題，包括貿易便捷化、良好法制作業、服務業國內規章、反貪腐、中小企業、勞動、環境、農業、數位貿易、標準、國營事業、非市場政策與作法。

8. 跨太平洋夥伴全面進步協定（Comprehensive and Progressive Agreement for Trans-Pacific Partnership，簡稱CPTPP）屬於世界貿易組織（WTO）規範下的區域貿易協定／自由貿易協定，是目前世界上規範最進步、自由化程度最高、涵蓋經濟量體最大的貿易協定之一，在促進亞太區、以至於全球區域經濟整合上，扮演重要的角色。目前CPTPP共有十二個成員，分別是日本、加拿大、澳洲、紐西蘭、新加坡、越南、墨西哥、祕魯、馬來西亞、智利、汶萊、英國。英國是CPTPP的最新成員。目前CPTPP成員國共涵蓋約五億人口，國內生產毛額（GDP）合計占全球約百分之十三。我國已於二〇二一年九月二十二日向紐西蘭遞件，正式申請加入CPTPP。

9\. 公投第十七案：「您是否同意核四啟封商轉發電？」第十八案：「你是否同意政府應全面禁止進口含有萊克多巴胺之乙型受體素豬隻之肉品、內臟及其相關產製品？」第十九案：「你是否同意公民投票案公告成立後半年內，若該期間內遇有全國性選舉時，在符合公民投票法規定之情形下，公民投票應與該選舉同日舉行？」與第二十案：「您是否同意中油第三天然氣接收站遷離桃園大潭藻礁海岸及海域？」

GUATEMALA

一個國家的誕生

外交故事

李桐豪

關係的生變是從一則推文開始。

二〇二三年三月十五日，上午七點十二分，宏都拉斯總統卡蘇楚（Xiomara Castro），在推特發了一篇推文：「*He instruido al Canciller Eduardo Reina, para que gestione la apertura de relaciones oficiales con la República Popular China, como muestra de mi determinación para cumplir el Plan de Gobierno y expandir las fronteras con libertad en el concierto de las naciones del mundo.*」[1]看不懂的西班牙文，可點開文章下方翻譯鍵：「我已指示愛德華多·雷納總理管理與中華人民共和國建立正式關係，以表明我決心遵守政府計畫並與世界各國合作自由擴大邊界。」

該推文有一百五十七萬觀看，一千七百六十九次轉發，六千〇七十九個喜歡。中華民國外交部顯然不會是六千〇七十九名按喜歡網友當中的一個。

外交部隨即發布新聞稿，稱有關宏國總統推文宣布與中國發展正式關係一事，外交部已掌握訊息，並已向宏國政府表達嚴正關切。宏都拉斯與臺灣關係生變，主要是宏國向臺灣索取高達二十五億美元的金援。卡蘇楚在推特放話，刻意派出外長前往中國討論建交事宜，不無對我國施壓的意味。期間，美國和日本都介入斡旋，然而十天過後，宏國外交部也在推特上發表聲明，結束與中華民國長達八十二年的外交關係。

屈指算算，蔡英文二〇一六年上任到二〇二三年，已陸續與聖多美普林西比、巴拿馬、多明尼加、布吉納法索、薩爾瓦多、索羅門群島、吉里巴斯、尼加拉瓜、宏都拉斯九國斷交。目前邦交國僅剩位於中南美洲的貝里斯、瓜地馬拉、巴拉圭；加勒比海地區的海地、聖克里斯多福及尼維斯聯邦、聖露西亞、聖文森及格瑞那丁；大洋洲的馬紹爾群島、諾魯、帛琉、吐瓦魯；非洲國家史瓦帝尼及歐洲國家梵蒂岡。

二〇〇〇年，臺灣首次政黨輪替，李登輝交棒陳水扁，其時，中華民國尚有二十九個邦交國，陳水扁執政八年，剩下二十三個，馬政府有二十二個，到了蔡政府，一口氣丟了九個邦交國，變成十三個。若以外交國數量論斷外交成績，數字確實不好看，故而二〇一九年，索羅門群島與臺灣斷交時，在野黨見獵心喜，用奚落的口氣嘲笑說，蔡英文曾批馬英九「外交休克」，但自己才是「外交人士」[2]，當年與她競逐二〇二〇總統寶座的韓國瑜也在臉書酸：「『踏實外交』看起來就只是一個拿著大罐萬金油的辣臺妹『踏死』了外交。」[3]

險峻中上路的外交

關於臺灣這八年的外交故事，的確是在險峻中上路的。

「余謹以至誠，向全國人民宣誓，余必遵守《憲法》盡忠職務、增進人民福利、保衛國家，無負國民付託，如違誓言願受國家嚴厲之制裁。」二〇一六年五月二十日，蔡英文在總統府舉手宣誓，面對著孫文遺像和中華民國國旗，她一襲米色套裝深色長褲，一臉肅穆。這是臺灣第一位女總統，第二位民進黨籍總統，中華民國第三次政黨輪替，一個新的時代開始了。

她發表就職演說，強調人民選擇了新總統、新政府，所期待無非「解決問題」，臺灣處境困難，迫切需要執政者義無反顧的承擔，承擔經濟結構的轉型、

二〇一八年八月二十一日，蔡英文總統準備針對薩爾瓦多發表重要談話。

承擔社會安全網的強化、承擔社會的公平與正義、承擔妥善處理兩岸關係。還有，承擔善盡地球公民的責任，讓臺灣走向世界，也要讓世界走進臺灣。

她承諾新政府會積極參與全球性新興議題的國際合作，包括人道救援、醫療援助、疾病的防治與研究、反恐合作，以及共同打擊跨國犯罪，讓臺灣成為國際社會不可或缺的夥伴。臺灣有心走向全世界，但世界各國卻讓臺灣吃了閉門羹。就職典禮隔三天，世界衛生大會（WHA）在日內瓦舉辦，臺灣受到邀請，她派衛生部長林奏延出席，聯合國搬出〈聯合國大會第二七五八號決議文〉中一個中國的原則，林奏延演說僅能以「中華臺北」[4]自稱。七月，國際對南海仲裁案出爐，我國領土太平島被劃為礁岩，她的批評被批太軟弱。八月到十二月，臺灣詐騙集團於肯亞、亞美尼亞、馬來西亞、西班牙涉嫌電信詐騙案，均被當地司法機構移送中國。

總統就職演說喊出打擊跨國犯罪、醫療援助什麼的，全落了空。該年七月首次出訪，她以「踏實外交」之名稱呼其外交政策，時任外交部長的李大維在立法院備詢時解釋其內涵為：「揚棄單向援助、走向國際合作，並且加深與民主國家的交流，建立『民主同盟』。」「踏實外交」一詞出自蔡英文文膽姚人多，英文說法「steadfast diplomacy」則是「口譯哥」趙怡翔的創意。她期許自己在外交路上能昂首闊步，上任的一百天，看似跌了個踉蹌，然而年底一通電話悄悄改變了什麼。

柳暗花明的臺美關係

二〇一六年十二月二日，美國總統當選人川普與蔡英文通話，是謂「川蔡通話」。

兩人針對政治、經濟與安全問題和亞洲區域情勢交換意見，是臺美一九七九年斷交後首例。這個通話把中國氣壞了，外交部長王毅說這是臺灣搞的小動作，評論家有的說川普舉動不排除是把臺灣當作籌碼，和中國換取更大利益；也有說此舉惹怒中國，將會把臺灣推入險境。果然，聖多美普林西比月底便宣布與臺灣斷交。國際賽局，各人有各人的算計，但無論如何，臺灣確實是刷新了存在感，也上了牌桌露了臉。

一通轟動國際的電話，有好多人出來代言背後故事。前美國副總統錢尼（Richard Bruce "Dick" Cheney）的副國安顧問葉望輝（Stephen J. Yates）曾在受訪時表示，川普當選總統，中華民國外交部依照往年慣例和外交禮節，提出請求去電祝賀，是他支持川普與蔡通話的。[5]《華盛頓郵報》外交政策與國家安全專欄作家羅金（Josh Rogin）在他的書《天下大亂》（*Chaos Under Heaven*）中指出，「川蔡通話」是前國防部印太助理部長薛瑞福（Randall Schriver）趁亂將臺灣聯絡窗口排進電話號碼[6]。當時的駐美代表高碩泰表示，對華府代表處來說，「這絕非偶然突發奇想的即興之作」，他說，當時事前知情的華府人士，包括他應不超過五人，通話前晚他揣著寫有川普紐約辦公室電話號碼的紙條，整晚不敢入睡，「深怕川普臨時改期、變卦或越洋電話斷線」；幸好，最後川蔡暢談十分鐘，比原訂的五分鐘增加一倍[7]。

「川普通話那天，我記得我跟你（黃重諺）在裡面，但我們兩個不在照片裡。那個畫面是：蔡英文兩旁是李大維跟吳釗燮。那是一個總統府裡面非常非常小的房間，專門打電話用的，小小的房間包含總統擠了五、六個人。我們對外是怎麼說川蔡通話那件事的來源？」現為考試院祕書長的劉建忻，當時是總統府代理祕書長，黃重諺是當年的發言人，事隔多年，兩人為我們還原當時情況，黃重諺說：「對外好像沒有特別講欸。我們覺得致賀是一個禮貌。我們當時的回應是說，有關總統跟美國總統當選人川普先生越洋通話，溝通聯繫的管道就是川普團隊成員，過程都依照臺美間交往慣例辦理，與任何公關公司都沒有關係，因為當時有人說花一筆錢找公關公司。」

二〇一六年十二月三日，蔡英文總統由國安會祕書長吳釗燮及外交部長李大維陪同，與美國總統當選人川普通話。

劉建忻補充說：「我記得通話後，外交部還在跟對方確認，他們會在何時、如何對外說明？我本來是隔天早上七點要核對這件事情，鬧鐘設六點，結果醒來發現，已經未接來電一大堆，外媒，國內媒體……因為川普自己發推特，把消息發出去了。」相對川普的大鳴大放，劉建忻、黃重諺這些幕僚說得保守而謹慎，一如他們的老闆蔡英文。一如當年的美國《外交政策》期刊把她列入二〇一六年百名全球思想家名單，理由是她「勇於挑戰強權」（poking the bear），但沒人像她挑戰得這樣小心翼翼。川蔡通話說了什麼？達成什麼共識？她不解釋。她不躁進、不表態、不自掀底牌——寡言，是她早年在談判桌養成的習慣，也是政治局勢過於詭譎，多說多錯，更是個性使然。

天下大勢凶藏吉，吉藏凶，川普上任，一方面與蔡英文通話，一方面在佛羅里達州莊園大宴習近平夫妻。二〇一七年十一月，川普到北京訪問，中國破天荒敞開紫禁城大門待客，寶蘊樓茶敘、三大殿遊走、暢音閣賞戲，儀節全然是帝王規格。然而短短一個月時間未到，該年十二月，川普就公布新的國家安全戰略報告。報告直接點名中國、俄羅斯是美國的最大對手。不到半年，美中貿易戰開打確立，讓過去已運行二、三十年的經濟全球化與自由貿易，開始逆轉。新冷戰的國際局勢下，為以價值觀為導向的踏實外交創造了相當大的發揮空間。

林鶴明二〇一七年到二〇一九年擔任總統府發言人，他說：「美中貿易戰開打了之後，改變了整個外交結構，也就是臺灣從經濟到政治扮演的角色越來越重要，越來越強。美國來訪的官員，從次卿、到前國務卿、到部長級、議長都來，來的一個比一個大咖。我記得我當總統發言人的時候，一直在回應說感謝美國眾議院通過什麼法案，總之就是友臺法案非常多。那印象是堆疊的，但這一切的前提就是美國通過《臺灣旅行法》[8]。」

新的法案通過了，舊的慣例被打破了，臺美關係進入前所未有的融洽。

信任的累積

二〇一八年八月，蔡英文參與巴拉圭新任總統阿布鐸（Mario Abdo Benítez）

就職典禮，同時拜訪貝里斯，過境洛杉磯、休士頓，美方以高規格對待，時任美國在臺協會（AIT）主席莫健（James F. Moriarty）前往接機。蔡總統停留洛杉磯期間與多位美國政要會面，之後參訪雷根總統圖書館並發表公開談話，這是蔡總統首度在美國發表公開講話；期間蔡總統也走訪洛杉磯華僑文教服務中心。參訪帶來三項突破，一是以中華民國元首身分到中華民國官方駐美單位參訪，二是參訪美國聯邦機構，三是以前在過境期間新聞採訪的管制全面解除。

「二〇一六年過境美國，隨行採訪的記者是不能發新聞的，記者必須等上了機艙，那意味著你進入了我們自己的專機，進入了自己的主權區才可以發。帶團出去，總統跟對方官員或是民意代表接觸的時候，你也不能告訴記者。他們（記者）會很不滿，一早就在飯店晃來晃去，跟我們捉迷藏，」黃重諺說：「但這樣和美方累積的信任，到後來我記得是到二〇一九還是二〇一八年，記者採訪不受限，是可以在當地馬上報導、馬上發。二〇一九年那一次，總統在美國可以隨時受訪，在我們自己的大使館，就是紐約辦事處，開記者會，接待聯合國各國的常代。」

臺美關係融洽到好似蜜裡調油，二〇二〇年美國大選，挺川普還是挺拜登，竟也可以在臺灣社群媒體引起論戰，彷彿臺灣是美國第五十二州似的。選舉結果拜登擊敗川普，國民黨質疑民進黨是「押錯寶」，然而民主黨拜登上任後，延續川普印太政策和印太戰略，並數次表示負有協防臺灣的承諾。「壓寶是國民黨故意去講的，其實在華府，即使是國民黨那邊的外交官也知道得非常清楚：我們兩邊都交往，不管誰上任，都能夠跟我們保持非常好的關係。拜登上任，你

二〇一九年七月十一日，蔡英文總統出席紐約辦事處「自由民主永續之旅」友邦駐聯合國常代酒會。

看他對我們有多好，不管哪一黨執政，關係還是不會變，」外交部長吳釗燮打趣地說：「現在來臺的議員，共和黨、民主黨都有，美國的共和黨、民主黨一天到晚吵架，他們什麼議題都合不來，但是唯一能夠團結他們的，就是臺灣議題。」

前駐美大使蕭美琴分析，美國對臺政策基於美國國內的《臺灣關係法》及「六項保證」，無論美國兩黨誰執政，對臺灣政策的大方向都不會改變。蔡總統多次宣示對臺海穩定及維持現狀的承諾，獲得美方正面迴響，雙方並基於相同的價值觀與利益來拓展夥伴關係，而隨著臺灣民主更加成熟完善，臺灣跟美國這幾年密切溝通，增加互動了解。

最多人注目的降落：裴洛西訪臺

二〇二〇年立委選舉，蕭美琴以些微差距敗給傅崐萁。然而六月，她被蔡英文任命為駐美大使，二〇二一年獲邀參加拜登就職典禮，是一九七九年臺美斷交後，首次有臺灣代表以官方形式獲邀參加美國總統的就職典禮。她也代表蔡英文參加「民主峰會」。蕭美琴駐美期間，為臺美關係取得重大突破，她說：「我作為駐美代表則積極把握機會，以蔡總統務實、穩健的態度，發揮臺灣的優勢，把臺灣在全球產業、技術環境、戰略重整中扮演的關鍵角色，與可以跟美國合作、對雙方人民發展有利的項目結合，爭取雙邊關係最大程度的深化和進化。」

臺美雙邊關係的升溫，在眾議院議長裴洛西（Nancy Patricia Pelosi）來臺達到沸點。裴洛西是民主黨籍政治家，自一九八七年擔任美國眾議員以來，一直以關注中國人權見稱，一九九一年曾在北京天安門廣場支持民主改革派，還因此遭中共驅逐出境。二〇〇七年至二〇一一年、二〇一九年至二〇二三年，裴洛西擔任眾議院議長，為美國歷史上第一位女性眾議院議長。在她第二度擔任眾議院議長期間，所屬的民主黨掌握議會多數席次。依《美利堅合眾國憲法》規定，眾議院議長在總統繼任順序排名第二，僅次於副總統兼參議院議長賀錦麗（Kamala Devi Harris），在美國政壇上地位非同小可。

二〇二二年七月二十九日，裴洛西率團啟程出訪亞洲，預計造訪新加坡、馬來西亞、韓國及日本，行程不排除途中造訪臺灣。中共當然是氣炸了。中國外交部發言人趙立堅撂狠話，若美方一意孤行，中方必將採取堅定有力的措施，捍衛國家主權和領土完整。中國太過氣勢凌人，就連拜登被問如何看待這件事，也直言：「軍方認為現在不是好主意。」

八月二日，裴洛西結束馬來西亞的行程，到底來不來臺灣，全世界都在關注。[9]晚間十點四十四分，裴洛西專機抵達臺北松山機場，專機降落的那一刻，松山機場旁邊的飛機巷，大家紛紛高舉手機搶拍歷史性的畫面，現場歡呼聲此起彼落，情緒高漲。這是繼一九九七年的金瑞契（Newt Gingrich）後，第二位訪臺的美國眾議院議長。重量級政治人物來訪，臺北歡欣鼓舞，然而在她抵臺五分鐘內，臺灣西南領空卻是殺氣騰騰。共機分別在裴洛西抵臺的五分鐘內，進入我西南空域七千八百公尺和八千四百公尺高空，遭我方空軍廣播：「中共軍機注意，你已進入我ＡＤＩＺ（Air Defense Identification Zone，防空識別

二〇二二年八月三日，蔡英文總統接見美國聯邦眾議院議長裴洛西訪團。

區），影響我飛航安全，立即迴轉脫離。」空軍次日說，裴洛西來臺當天，一共有二十一架次共機擾臺[10]。

臺海情勢的劍拔弩張，如今從黃重諺嘴裡說來是水波不興：「裴洛西要來，對方就是越嗆越大聲，各種選項包含『我把你打下來』都是有可能的。當時總統做的決定就是：客人來，我要怎麼接待客人，怎麼確保客人的安全，比方飛機何時飛到什麼位置，總統和國防部長都是全程關注。再來你得知道，你對外傳達的訊息又不能太刺激，因為對方情緒管理已經有問題了，總統講話的內容都要小心謹慎。」外交部長吳釗燮進一步補充：「當時外交、國安相關人員都在總統府開過好幾次會，甚至也跟美方密切溝通，所以我們政府在記者會的反應和美國高層官員的講法看起來幾乎一模一樣，就可以知道說兩邊的溝通有多順暢了。」

進擊的外交官們

一場不到二十四小時的旋風訪臺，在國際上掀起驚天巨浪。中國氣炸了，飛彈、軍艦齊上，然而外交官們總能化危機為轉機，「裴洛西來，就是要保護民主主義，證明臺灣民主主義社會存在有其特殊價值。臺灣價值就是第一島鏈的價值，我們站在抵抗霸權主義的最前線，第一島鏈的位置被突破，鄰國都受害。臺灣價值同時也是進步價值，我告訴日本議員，同性婚姻臺灣也有反對聲音，但臺灣是這樣，即便只有少數贊成，但只要是對的，我們都會去支持它，讓少數變為多數，變成常識，社會才會往前進。」駐日代表謝長廷二〇二二年接受《鏡週刊》的訪問如此說道。

昔日的民進黨四大天王，也曾兩次參與總統大選，二〇一六年被蔡英文任命為駐日大使至今的謝長廷，七年多來，他在日本舉辦學生的交流、運動的交流、慶典的交流，還有使館的交流。他相繼邀請美國駐日代理大使楊舟（Joseph M. Young）、谷立言（Raymond F. Greene）、伊曼紐爾（Rahm Emanuel）在官邸餐敘。不怕中國抗議嗎？「我們有時候會故意找大家都覺得對的事情堅持去做，讓他抗議。例如WHO，大家都支持的事情，他們每抗議一次，就會受傷一次。」他說離開臺灣太久，偶爾回臺灣看政論節目，已經不知道上節目的人誰是誰了：「我早年拿日本政府獎學金來日本留學，如今面對可能是從政最後一個公職，我在臺灣貢獻了我在日本所學的知識、經驗，最後來這邊，服務臺灣人，也服務日本人，人生可以說是圓滿了。」

駐法代表吳志中在裴洛西來臺十天後接受二十七場法媒訪問，BFM電視臺的政論節目上，法國學者派翠克．馬丁－惹尼耶（Patrick Martin-Genier）稱臺灣並非獨立主權國家，吳志中當場反駁：「臺灣擁有所有主權國家的構成條件，也被認為是最民主的國家之一，有哪一條國際法規定要有二十、三十個國家承認，才是主權國家？我知道法國不承認我們，但這不妨礙臺灣是一個主權國家……如果大家繼續相信臺灣屬於中國這個說法，就是讓中國對臺灣為所欲為，甚至發動戰爭。這是我們所有民主國家的責任，也是所有知識分子的責任！」電視臺不提供訪綱和腳本，所有發言全靠來賓臨場反應，吳志中以流利法文應答，論點清晰，連法國人也驚豔，訪談片段在網路上瀏覽數超過百萬，不少法國人主動寫信給臺灣駐法代表處，詢問能怎麼支持臺灣；吳志中走在路上，也有法國人認出他，對他說：「大使加油、我們支持你！」[11]

何止是法國？歐洲國家對臺政策也悄悄改變，起先是鄰近俄羅斯、長年有危機意識的東歐國家，後來才擴及至西歐。疫情期間，立陶宛率先挺臺，接著捷克參議院議長韋德齊（Miloš Vystrčil）來臺訪問，成為一九八九年捷克民主化後訪臺的最高層級。二〇二一年底，中華民國在立陶宛不但正式設立代表處，且直接以「臺灣」為名。當然，中國很快以經濟手段嚴厲報復，為此，歐盟宣布研擬「反脅迫」法案，希望以集體力量制衡中國各種形式的脅迫，包括經濟脅迫。法案仍在協商，但就歐盟已是一大轉變。

「在裴洛西訪臺之前，國際看臺灣就有一個中線，一個現狀在那邊，對國際社會來講，臺海維持現狀符合多數國家利益，可是裴洛西來了之後，中國衝撞現狀。很多國家反過來，跟臺灣有更深入的往來關係。臺灣跟其他的國家的外交，因為這個事件變得更加緊密。」吳釗燮二〇一八年由總統府祕書長轉任外交部長，稱一上任就預定了外交的方向：「以前的外交重點不外乎是美國、日本，但歐洲，尤其是東歐，都被我們忽略了。我們以前擺的人似乎都沒有很強的動機，碰到要為國家講話的時候都恬恬（tiām-tiām，臺語安靜之意），所以我就把一些比較年輕，比較敢衝的同仁放到外館去歷練。我都鼓勵他們說，我當初連外交特考都沒有考上欸，你們這些考試上來的，一定比我更厲害，更優秀，你們永遠不要懼怕去為臺灣發聲，也不必來請求我的核可。」

……

「像蔡英文一樣」

回顧七年的踏實外交，吳釗燮英語夾雜臺語，笑容可掬，親切如歐吉桑，而非外交部長。他在民進黨執政的二〇〇七年，擔任中華民國駐美代表；二〇一二年民進黨在野時，他也擔任民進黨駐美代表，今昔對照，著實點滴在心頭：「二〇〇七年阿扁為了國內的威望，會故意去衝撞中國，我們跟布希政

二〇二三年九月二十五日總統接見英國對臺貿易特使、英國國會上議院副議長福克納勳爵（Lord Faulkner）。

府關係處得非常不好。我到美國的第一天，美國人劈里啪啦對我就是一頓抱怨，說你們臺灣政府怎樣又怎樣。我心想駐美代表這麼難做，難怪沒人想當。很難想像臺灣現在和美國的關係這樣水乳交融。」

吳釗燮說，外交關係的轉變與蔡英文的人格特質有關，「小英總統跟美方的談判，就讓他們覺得說，這個人的領導是很謹慎、很穩定，而且可以預期，她不魯莽，不會出亂子。上任後，她種種行為會不斷強化形象，這對美國人來講，她就是一個非常好的夥伴，對臺美關係的融洽絕對是非常重要的因素。」

對於蔡英文謹慎、不誇耀，他舉了一個例子：「二〇一五年，我在民進黨部當祕書長兼任駐美代表，蔡英文以總統候選人的身分去華府訪問。當年她進了國防部、進了國務院，也進了白宮，訪問成果非常好。最後一天華府辦僑宴，我上臺致詞，說小英這一次華府訪問非常成功，大家都看到了，那時候蔡英文就告誡我，不能『講成功，要講順利』，好與壞，應該由民眾自己詮釋，而不是我們自己人大肆張揚。」

「遇到壓力不屈服，得到支持不冒進」，蔡英文常常把這十四個字掛在嘴邊，在她的演講中不斷出現。總統過境美國的規格越來越正常化，來臺灣的參訪官員官階越來越高，美國國會軍購法案一直通過，這一切都絕非單一事件，一切都是歷程。但凡這當中，總統稍微想要炫耀一點，或拿來消費，都可能會造成路徑的改變。林鶴明對十四字箴言更進一步補充：「美國在支持臺灣的過程當中，總統沒有去亂刷卡，沒有把信用刷爆，所以到最後你看我們換到的信用額度越來越高，連議長（裴洛西）來了也一樣沒有搞砸，所以後面有麥卡錫那一輪。美國人覺得妳不但沒有亂刷卡，而且還把利息退來給我。」蔡英文的穩健、踏實，或許正如二〇二三年八月，美國前國務次卿柯拉克（Keith J. Krach）二度訪臺，在公開場合中喊話所描述：他無意介入臺灣選舉政治，但他期盼臺灣能選出一名像蔡英文一樣充滿勇氣、帶領國家變革的領導人。

蔡英文於二〇一五年四月提出「維持現狀」的主張，旋即成為民進黨提名總統候選人，並於二〇一六年當選總統，如今任期剩下不到一年，一切都如此不同：任期初始，臺灣規行矩步，然而美中貿易戰開打，蔡政府一改過去避免涉入國際紛爭的態度，與盟友採取集體圍堵攻勢，共同對抗威權國家對既有秩序的挑戰。外交的典範正在轉移，我們從拚邦交國的數量，到對國際事務盡一份心力。那正是蕭美琴所說的：「蔡總統任內維持一致的穩健與務實作風，在面對國內外挑戰，也展現冷靜零意外的溝通成效，這些都讓國際友人肯定臺灣是可以被信賴，可以被依靠的良善力量，比如在COVID-19期間，臺灣分享運用科技抗疫經驗、捐贈口罩給需要的國家。長期累積下產生良性循環，美國、日本、東歐等國家也感念臺灣的幫忙，後來也對臺灣捐贈疫苗，是互利互惠的良好範例。」二〇二一年至二〇二二年間，立陶宛因允許臺灣設立代表處而遭致中國貿易報復，臺灣與日本、加拿大等國要求歐盟在WTO對中國的爭端提出解決諮商程序；此外二〇二二年烏俄戰爭爆發後，蔡政府亦加入國際間的聯合制裁，對俄羅斯、白俄羅斯兩國祭出半導體出口管制，並編列預算協助烏克蘭戰後重建等等。

然而要維持現狀的承諾並沒有改變。北緯二十七度、東經一二二度延伸至北緯二十三度、東經一一八度的直線，那是國防部劃定的臺海中線。不踰矩，不挑釁，中線在航運圖上，也在蔡英文心中，她不會在語言的層次上搞臺獨，她既不給中國侵略臺灣的理由，也不給美國放棄臺灣的藉口。選舉狂勝的時候，她沒有得意忘形，選舉失敗的時候，她也沒有鋌而走險。因為她知道，海峽兩岸極有可能會因為她的得意忘形或鋌而走險而陷入危機。國際情勢與她二〇一六年當選那一年如此不同，但當年她在就職典禮上，說要在外交與全球性的議題上盡一份心力的承諾並沒有改變。遇到壓力不屈服，得到支持不冒進，她一步一步，踏實地帶領臺灣走向世界，也讓世界走近臺灣。

---

1. 宏都拉斯總統卡蘇楚於推特（Twitter，現改名為X）上貼文（臺灣一般稱作推文）：https://x.com/XiomaraCastroZ/status/1635780945096704000?s=20。
2. 《ETtoday》新聞報導：〈蔡英文曾批馬英九「外交休克」　羅智強：妳是「外交入土」吧！〉https://www.ettoday.net/news/20190916/1536665.htm（二〇一九年九月十六日）。

3. 《Newtalk》新聞報導：〈韓國瑜嗆政府「踏死外交」！管碧玲：這是中國的「黑英」計畫〉https://newtalk.tw/news/view/2019-09-21/301635（二〇一九年九月二十一日）。
4. 《BBC》中文網報導：〈台灣八年來首度未獲邀參加WHA為什麼？〉https://www.bbc.com/zhongwen/trad/chinese-news-39990266（二〇一七年五月二十一日）。
5. 葉望輝透露，臺灣方面沒有想到川普會接受，「如果要做談判，他們（指臺灣）沒有為YES做好準備」，當川普同意與蔡英文通話的時候，「他們嚇死了！不知道該怎麼辦！」葉望輝說，因為習慣了往常的拒絕，蔡團隊很驚訝，沒有拒絕的話該怎麼辦？「所以臺灣在美國的官員，要跟臺北的領導人協調一下，怎麼做？可能嗎？可以做嗎？他們拖延了兩個禮拜才通電話。」《自由時報》報導：〈首曝川蔡通話內幕！葉望輝：蔡政府被川普嚇死了！〉https://news.ltn.com.tw/news/politics/breakingnews/2532110（二〇一八年八月二十七日）。
6. 《新新聞》報導：〈川蔡通話其實是意外？新書揭內幕：薛瑞福趁亂排進電話號碼，川普後來向習近平承諾「不再接台灣電話」〉https://new7.storm.mg/article/3529747（二〇二一年三月十日）。
7. 《中央社》報導：〈前駐美代表高碩泰出書揭密　川蔡通話布線近半年非即興之作〉https://www.cna.com.tw/news/aipl/202305130225.aspx（二〇二三年五月

十三日）。

8. 二〇一八年三月十六日，美國國會兩院促進臺灣與美國間的高層級交流，通過了《臺灣旅行法》，該法案是續《臺灣關係法》後，另一部現行與臺灣相關的美國國內法。後續加碼通過《二〇一九年臺灣友邦國際保護及加強倡議法》（俗稱《臺北法案》）與《亞洲再倡議保證法》等友臺法案，鼓勵雙邊高層互訪暨協助臺灣維繫邦交；另外也持續通過支持臺灣參與世界衛生大會和國際民航組織的決議。

9. 《自由時報》報導：〈裴洛西又創新紀錄！訪台航班線上追蹤人數破創站新高〉https://news.ltn.com.tw/news/world/breakingnews/4012618（二〇二二年八月三日）。

10. 《三立新聞網》報導：〈緊張！裴洛西抵台五分鐘共機二次入侵 ADIZ 空軍驅離〉https://www.setn.com/News.aspx?NewsID=1155657（二〇二二年八月二日）。

11. 《鏡週刊》專題：〈【二〇二二年度風雲人物】在泥沼中匍匐前進　世界變局下的台灣外交官〉https://www.mirrormedia.mg/story/20221227pol001（二〇二二年十二月二十九日發布、二〇二三年九月十二日更新）。

總統

女武神的騎行

國防故事

李桐豪

是二〇二三年六月的一則新聞，蔡總統在三軍六校院聯合畢業典禮為畢業生代表授階，未料肩章掛反，消息一出即刻被轉貼在ＰＴＴ，惹來無數鄉民譏笑：「就你最特別！標新立異啊！」「這樣要怎麼抗中保臺啦，笑死。」

「沒當過兵的女性如何當三軍統帥」的質疑，在蔡英文任期內從來沒斷過，不但鄉民和在野黨奚落，二〇〇八年，民進黨大佬辜寬敏與她競選黨主席的時候，也說過不能把民進黨的未來交給一位沒有結婚的小姐。

二〇一六年十二月，內政部與國史館舉辦「收復南海諸島七十週年紀念特展」，蔡英文來了。典禮開始前，司儀提醒臺下官兵坐著，總統進場時，報以溫暖掌聲即可。舊時官場起立立正，恭請長官訓示的禮節免了，但國家元首致詞沉悶而嚴肅，這件事情在五二〇前後並沒有什麼不同。這一年七月，南海仲裁案出爐，太平島被降格為礁，事關國家主權，她低頭念稿，戰戰兢兢，稱一切會依照國際法和海洋法行事。與南沙指揮官王茂霖上校連線，她在螢幕旁節制地微笑著，嘴角往下撇，看上去像是微微地發愁。

這一年三月，馬英九曾大張旗鼓登太平島，宣示主權，她沒那樣冒險。關於太平島主權，她把重點放在人道救援任務和國際合作的科學研究。指揮官介紹島上官兵日常作息，除操兵演練，也種菜養雞，羊群中午聽到軍歌會自動返回羊圈。她問：「那可愛的羊隻是作伴用的，還是做菜用的呢？」指揮官回答：「有必要會拿來食用，當戰備糧食。」連線兩端響起笑聲，但主權問題的複雜，她與國安單位放在心裡，謹慎地處理。

七月發生雄三飛彈誤射、八月發生坦克翻車等事故，她上任未滿百日，國軍新聞都是壞消息，那意味著國軍內部管理、人員訓練和戰備整備皆出了問

二〇一七年五月二十五日，蔡英文總統視導漢光三十三號演習。

題，簡直要落實「沒當過兵的女性如何當三軍統帥」的批評了。風尖浪頭上，她出席軍校畢業典禮，「對於社會各界的批評指教，各位跟我一樣感到難過，甚至士氣遭受打擊，我不會告訴大家『我們的國軍一切都很好』，如果今天站在這裡的我這樣告訴你們，那我就不是一個負責任的三軍統帥。」她面色凝重地對畢業生講話，篤定地說，危機就是轉機：「我不會逃避問題，我也不會逃避責任，我們的國軍需要改革，而且是大刀闊斧的改革，未來當我們國軍『把尊嚴贏回來的時候』，我會是最高興的那一個人。」

從備受奚落到高國防滿意度

在她任內，中國不斷對臺威嚇，共軍頻頻在臺海周邊軍演，軍機擾臺常態化，幾乎天天來亂。二〇二二年十二月，國防部長邱國正赴立法院專案報告，表示臺灣軍事壓力情勢是他「從軍四十年來最嚴峻」，當年沒有共軍「幾十架戰機繞著走」的情況；共軍曾經「單打雙不打」、一九九六臺海危機，緊張情勢限於外島，如今威脅已經逼到本島；然而二〇二三年，臺灣民意基金會在蔡英文七週年施政表現「滿意排行榜」，外交與國防滿意度分別以百分之六十一·五和百分之五十五·九，名列一、二。

國防滿意度拿高分不是沒有道理。二〇一八年民進黨地方選舉大敗，蔡英文個人聲望跌落谷底，「亡國感」一詞在支持者之間於焉產生。盧秀燕等新科市長忙著對中國表態，支持「九二共識」。二〇一九年元月二日，習近平發表《告臺灣同胞書四十週年紀念談話》，重提一國兩制，並不放棄武力犯臺。對岸上午發表，她下午火速回擊：「我們始終未接受『九二共識』，根本的原因就是北京當局所定義的『九二共識』，其實就是『一個中國』，臺灣絕不會接受『一國兩制』，絕大多數臺灣民意也堅決反對『一國兩制』，而這也是『臺灣共識』。」「沒當過兵的女性三軍統帥」面對強國威嚇，口氣堅定，不若以往在公開場合的謹慎和談吐中語帶保留，讓國人吃了定心丸。

二〇二三年八月二十一日，蔡政府公布最後一本年度預算，國防整體預算六千〇六十八億元，創歷史新高，她上網親自說明：「臺灣必須持續強化自我防衛能力，展現自我防衛的決心，確保國家安全與利益，也爭取更多國際支持。」七年以來，蔡政府能以合理價格取得過去無法取得的先進裝備，如向美國採購陸戰王者 M1A2 主戰坦克、海馬斯多管火箭系統、火山布雷系統、F-16V 戰機，此外也致力於高教機國造、潛艦國造、國艦國造，甚至還恢復了一年義務役期，與過去馬英九執政時代被外界認為弱化國防的政策差距極大，且她也改正、強化了過往多位總統難以達到的軍備建設方向。

她說要大刀闊斧的改革，不是隨便說說的。

潛艦國造：「難道還要再等八年嗎？」

二〇二三年九月二十八日，臺灣第一艘自製潛艦「海鯤號」在高雄舉行下水典禮。軍方以中華民國國旗布幔遮蓋潛艦正面，掩蓋魚雷發射管等機密設備。

當天，蔡英文敲擊響鈴，宣告「擲瓶禮」啟動，香檳應聲從空中墜下，敲擊「海鯤號」潛艦船首，懸掛在上的彩球也隨即散開，流蘇飄揚。她說：「過去潛艦國造被認為是『不可能的任務』，但今天由國人自己設計打造的潛艦就在大家的眼前。我們做到了。」

臺灣四面環海，潛艦對臺海制海權的掌控至關重要，尤其是核潛艦在戰略的重要性不亞於航空母艦，歷任總統不會不知道。兩蔣時期曾有「海昌計畫」和「武昌計畫」，向義大利採購小型突擊艇和袖珍潛艇，美國也以「水星計畫」為名，出售兩艘美方即將除役的茄比級潛艦。兩艘茄比級潛艦命名「海獅」、「海豹」，分別於一九七三、七四年返抵高雄左營軍港並成軍，服役迄今已三十年，因老舊已無法投入戰備，僅作為訓練用途。八〇年代，臺灣成功向荷蘭購買「劍龍級」潛艦，荷蘭卻立刻遭中國外交報復，最後六艘訂單僅有二艘「海龍」、「海虎」成功交貨，並導致臺灣只買到船體，沒有武器，得向印尼購買西德授權該國生產的魚雷。

與他國購買潛艦事事掣肘，李登輝一九九五年授意海軍成立「潛艦發展辦公室」，啟動「光華八號」。但該計畫進入扁政府時代，因小布希政府有意賣給臺灣八艘柴電潛艦而取消。奈何該軍售案，又因扁政府政局朝小野大，特別預算卡關立法院不了了之。馬英九任內重兩岸交流，輕國防，即便是二〇一三年年底批准了臺灣第一個關於「潛艦國造關鍵技術」的正式評估，然而任期已到尾聲，也沒有多大的政治動能去推動。

二〇一九年四月三日，蔡英文臉書公布一張照片，照片中桌上有一張臺海地圖，地圖上擺了艘潛艦模型，蔡身旁還有一位戴帽子、看不清楚輪廓的男子。蔡與他看著海圖比手畫腳。照片上寫著「國造潛艦二〇二四下水，二〇二五成軍」[1]。與蔡總統合照的神祕男人是誰？蔡英文並未說明，神神祕祕的一則貼文惹來網友訕笑，「造不出什麼狗屎，拼裝船而已，當然啦弊案是絕對有的。」「國造潛艦二〇二四下水二〇二五成軍？到現在連一張設計圖也看不到……人才、機械、引擎……都沒有？你信嗎？公然製造假新聞，該當何罪？」

到如今，我們知道了戴帽子的神祕人是退役的海虎潛艦艦長楊易，那照片拍攝於蔡英文尚未競選總統之前。其時，她透過新境界智庫國防政策幕僚陳文政，向海軍中將黃曙光請益潛艦問題。黃曙光是馬政府現職軍官，不方便出面，於是推薦了退役的海虎潛艦艦長楊易。楊易來到民進黨智庫新境界文教基金會的辦公室，向蔡英文說明潛艦在臺灣海峽的運用與其重要性。以往軍方跟民進黨的接觸很少，雙方都還在試探對方的誠意，楊易說：「這個非常的困難，妳做八年不見得會有成果，但是風險是妳要承擔。妳確定真的願意做這個案子嗎？」蔡英文篤定地說：「不然呢，難道還要再等八年嗎？」

二〇一六年蔡英文在競選總統期間訪美，就向美方人士表達臺灣希望能自

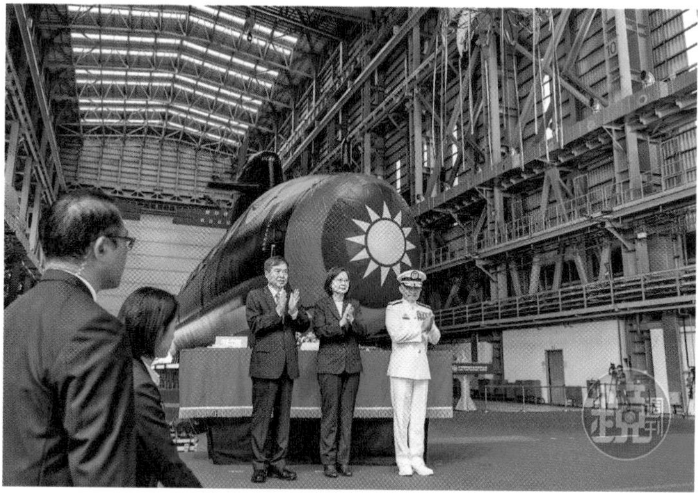

二〇二三年九月二十八日，蔡英文總統主持「海鯤號」命名暨下水典禮，臺灣的「潛艦國造」之路，終於接近最後一哩路。

製潛艦，並獲得美方支持。當選總統後，就立即下達決心，推動「潛艦國造」（Indigenous Defense Submarine，IDS自製防禦潛艦），她希望黃曙光來執行這個計畫。陳文政約黃曙光在二二八公園博物館門口碰面，當日下著雨，兩個男人邊抽菸邊聊天下大事。軍旅生涯四十年的黃曙光，有四分之一的服役時間是在潛艦中度過，擔任上尉時還曾到荷蘭三年多，測試海龍及海虎潛艦。大海的男人有造艦大夢，但對民進黨半信半疑。陳文政慷慨陳詞「潛艦國造」乃國家大事，應不分黨派立場，勇於承擔。黃曙光心想既然有人相信他，願意授權，那就做吧。

黃曙光肯了，蔡英文破格將黃曙光從中將晉升二級上將，並提拔為海軍司令，足見蔡英文對黃曙光的信任，事後也證明黃曙光不負所託。他從海軍副司令、海軍司令、參謀總長、到任國家安全會議諮詢委員，如今這艘斥資四百九十三億元打造的原型艦如期完成，黃曙光無疑是關鍵人物。

為突破中共封鎖，他自創「以軍逼商」策略，與顧問公司簽下六億餘元的技術顧問合作計畫，由顧問公司代理找軍火商交涉，顧問公司聘請的總裁、副總裁，都是高階軍職退伍，透過軍人與軍人對話，更容易溝通，讓軍方不用花錢收買掮客、軍火商，也不用透過國與國談判，就可取得潛艦的所有裝備及項目。黃曙光自創的這套辦法，意外讓原地打轉超過二十年的潛艦國造走出一條生路。

也正因為海軍只和原廠打交道，「仲介與代理商都吃不到」，黃曙光因此得罪軍火界。二〇一八年十月，海軍退役艦長黃征輝在媒體上公開質疑潛艦國造的種種問題，特別質疑其中是否有特殊關係、顧問公司的專業度等等。真真假假的爆料，政府高層不得不透過國安及檢調系統，對黃曙光、黃家親友的銀行戶頭及往來關係進行澈底調查。黃曙光的妹妹係臺北市前副市長黃珊珊，看到報導後曾傳簡訊給黃曙光說：「哥，我們家一生清白，黃家絕不能有這樣不清白案例。」黃曙光只回答黃珊珊：「我是海軍，我穿白色的。」

此一調查非常縝密深入。後來發現，黃曙光沒有任何不法資金往來，對外也幾乎沒有應酬與可疑政商關係。黃曙光接受《鏡週刊》訪問，坦言過程中，軍火商、掮客想買空賣空從中撈錢，甚至有已退伍的將領利用以前在軍中的威望，作為謀取利益的方法，「如果沒有的話，怎麼會有慶富案、拉法葉案這些血淋淋的案子，這是很可悲的。」經歷在野黨的杯葛及凍結預算，他說：「我沒違規、沒違法，完全沒從中得到某種利益，他們對我一點辦法都沒有。」

二〇二一年六月三十日，黃曙光從參謀總長退役卸任，九月轉任國家安全會議諮詢委員，此後兩年他簡直在臺船「埋鍋造飯」；臺船海昌廠二十四小時燈火通明，原本國營事業文化硬是被改成軍事風格。為了保密，黃曙光要求他的祕書與駕駛等，與他一起住在官兵眷舍，一來半點口風不露，二來也不怕被人跟蹤。黃曙光從參謀總長退休轉任潛艦國造召集人時，也要求辦公室主任辦理退伍，去當造潛艦的海昌廠長。另一個子弟兵，家境優裕，家中要他接班事業，他卻選擇跟著黃曙光，負責盯住國外採購的機敏裝備。這個「鐵血班底」在二〇二三年九月完成了原型艦封殼任務。

黃曙光對媒體說，此案包括海軍二五六戰隊、海發中心、臺船、中科院，甚至退役的潛艦艦長都全程參與，已不是傳統政府標案的甲方、乙方關係，而是一個堅實的團隊，是「國家隊」造出來的潛艦。九月二十八日，蔡英文總統主持海鯤號命名暨下水典禮，不但完成兩任總統任期最重要的國防政見，也宣示臺灣艱辛的「潛艦國造」之路，走了漫長的三十年之後，終於接近最後一哩路。

朝向不對稱防衛轉型

不但潛艦造起來了，蔡英文的第一個任期，還陸續提出 F-16 及海空戰力提升的特別預算，也向美方採購岸置魚叉飛彈系統、刺針防空飛彈、標槍飛彈等新式飛彈。和潛艦一樣，她都沒打算再等八年，就著手幫軍隊建起新式的裝備。

在臺灣的近旁，是年度國防預算超過臺灣二十倍的中國。國安會諮詢委員陳俊麟說：「如果用傳統對稱性的思考，答案就是空中用戰機對戰機、海上戰艦對戰艦、陸上就是坦克和砲兵大決戰。」但這恐怕不是適合臺灣的防衛方式。

「戰爭的型態，在近年已經大幅改變了，最近的俄烏戰爭就是最明顯的例子。」陳俊麟說：「烏克蘭廣泛運用無人機、個別士兵使用反裝甲飛彈及防空飛彈，還有精準的導引砲彈跟火箭，都讓擁有龐大軍力的俄羅斯吃盡苦頭，曝露出反應遲緩、指揮失靈的弱點。烏軍得以抵擋對方的攻勢，甚至造成對方重大損傷。像這樣尋找或製造對方弱點，伺機加以打擊，就是『不對稱作戰』的方式。」

陳俊麟說在過去八年，臺灣也經歷一波國防思維的轉變，「就是逐步調整成以不對稱作戰為目標的一個建軍方向」，這當中的過程，「是總統自己帶著大家討論，在那個過程中，去檢討所有的防禦裝備、武器、計畫，都整個檢查。不只觀念改變，整個制度也跟著調整改變。」

軍購與自製，都環繞著不對稱作戰的戰略，重新思考需要的武器、需要的訓練、需要動員方式等等。國防上的例行會議，有所謂「大軍談」與「小軍談」。「小軍談」是總統與國防部長每週一次的會議，蔡英文讓國安會祕書長、副祕書長也加入。「大軍談」是還要加上總長、副部長、三軍司令等，討論的事情更多，包含建軍的計畫等等。此外還有各種專案會議。一路發現問題，檢討，改善。

兵役延長與全民國防

二〇二一年，《經濟學人》（*The Economist*）以〈世界上最危險的地方〉（The most dangerous place on Earth）當封面故事，指烏克蘭戰爭之後，臺灣是下一個戰爭發生的熱區。蔡英文以潛艦國造、勇鷹號國造，向世界展現臺灣有保衛自我的決心。然而《經濟學人》在二〇二三年年底的報導，卻點明了一個前所未見的突兀現象：在過去一年中，有將近二百位外國政要訪問臺灣，急著關切臺灣如何挺住中國的壓力？臺灣處境如此凶險，兵源不足，竟不肯恢復徵兵制。

義務役兵期在馬政府時期從一年縮短成四個月，在其任內，因顧及兩岸和平交流氛圍，並未積極建軍備戰，除了縮短兵役，也暫停雲峰飛彈研發、停止對中國情報派遣，兼以發生洪仲丘案，軍隊士氣低落，社會對國軍的信任也一落千丈。曾是國民黨出身的于北辰，現為桃園市議員，他在二〇二三年接受《放．新聞》的訪問，稱馬英九時代，國軍只有不斷裁軍，「那段時間在國防部任職，不管國軍多大需求，兩原則不能打破：就是不提高編階、員額」，不斷執行的精實案、精進案、精粹案，「是一個又要馬兒好，又要馬兒不吃草的窘況」「把國軍砍到刀刀見骨，甚至把骨頭都打斷，問題就是外交比國防重要，才會讓國軍在社會上地位一落千丈，認為國軍不會打仗、不想打仗，也不須打仗」。

馬政府縮減兵役導致兵力不足的問題，蔡英文不會不知道。陳俊麟分析，武器採購只是社會大眾會看到的最表面一層。從空防、海上截擊、岸際及要域防禦、城鎮作戰，一路到網路資訊戰、電子戰，都被提出來一一檢視及討論。除了硬體，還有軟體。蔡英文在國防上下了非常多的功夫，從各級會議聽取報告時，她很會問問題。例如她聽了國防部報告後，發現後備體系必須改革，就帶著部長與將領們反覆討論，著手充實編制，從制度改變起。

後備制度之後，她又繼續進行關鍵基礎設施防護、社會韌性等等的檢視。數位、醫療、電網的韌性等等，都被視為國家安全的一環來整理。這就不僅是國防部的事了，行政院的其他部會，如數位部、內政部，甚至地方與民間，也加入扮演很大的功能。二〇二二年一月一日，全民防衛動員署正式成立，也象徵「全民國防」的一個新階段。

二〇二〇年，蔡英文交辦國安會、國防部推動專案，全面檢討國家的戰力和面臨的情勢與作戰型態。後備體系要有效發揮作用，就必須解決四個月的「軍事訓練役」訓練不足的問題，這就牽涉到役期延長的政治敏感話題。然而二〇二二年九合一地方選舉，民進黨潰敗，因國民黨喊出「票投民進黨，年輕人上戰場」，兵役制度檢討意外成為民進黨九合一大選檢討會主軸之一。兵役改革該不該繼續？團隊內部分裂成兩派不同的意見。有幕僚對蔡英文直言，在很多人的經驗中，當兵非常浪費時間，如果訓練內容只是過往經驗中的刺槍術，或者仍是拔草、掃落葉，絕對無法說服大眾。也有幕僚覺得，那時民進黨剛敗選，沒有政治動力推這個法案。「但總統不以為然，說這很重要，不推不行，雙方一句來一句去，講話就有點大聲。」林鶴明說。

在旁賴清德、蘇貞昌目睹蔡英文與幕僚大小聲，有些目瞪口呆，殊不知那是蔡英文和幕僚的溝通模式。蔡英文不怕他人的質疑，她在這些質疑當中，和別人辯論，也和自己辯論，發現思想的盲區，進而形成自己的價值判斷。國安幕僚鍾如郁，在扁政府時代也在國防部服務，對照兩任總統，她的評價是：「陳水扁當立法委員時，是國防委員，對國防有很多他既定的想法。蔡英文是女性，沒當過兵，是一張白紙，但是正因為如此，所以很肯學習，也不會有成見。」在這樣激烈的「溝通」中，蔡英文知道，幕僚不是質疑她對兵役改革的決心，而是對目前的方案沒信心，既然是方案不夠好，那就把它修改到好吧。

國防部交來的「強化義務役與志願役訓練內容」寫說要加強刺槍術，她說要不要看看美國現在訓練什麼？要不要改為「綜合格鬥技」？外界都說當兵很浪費時間，那要不要研擬服役年資銜接勞退，提高義務役薪資為二萬○三百二十元，讓當兵更像是就業。一份說帖來來回回改了五十六次，黃重諺

二〇二二年八月三十日，蔡英文總統秋節勗勉「空軍天駒部隊」、「澎防部防空連」、「空軍第七雷達中隊」及「海軍一四六艦隊」。

當時已是總統府副祕書長，他記得二〇二二年的十二月，在很冷很冷的冬夜，他接完小孩後，還得開車繞去國防部門口。鐵門拉開，走出一個將軍，將修好的稿子交給他，他再送到官邸。後來，他在臉書發一張照片，是蔡英文與國防部副部長柏鴻輝蹲在官邸茶几修改稿件。為了端出足以說服社會的方案，總統、軍方和幕僚都卯足了全力。

在二〇二二年地方選舉大敗時推兵役延長，那社會氣氛與二〇一八年民進黨敗選時通過同婚法案的決心極其類似。對蔡英文而言，有掉票、沒掉票，其實不該放在這裡討論，只要對國家有利，就應該說服國民，是對國家有利，就應該大膽往前走。二〇二二年十二月二十七日，她上午召開國安高層會議，拍板兵役延長至一年方案。下午三點半召開記者會，面對媒體提問，親上火線說清楚講明白，此後，外界並不拿此生事。

……

「最重視軍人的總統」

二〇二三年八月二十一日，蔡政府公布最後一本年度預算，六百八十三輛陸軍八輪裝步戰鬥車，年底要撥交了！M1A2T戰車也將出廠了！十六架勇鷹號高教機交機了！潛艦原型艦要下水了！她在會中發表一段長達二千四百多字的談話，猶如執政八年畢業感言，兵強、馬壯的國防改革成績單，非常振奮人心，然而她又添了一句：「同時也如火如荼改善國軍營舍環境，總共一〇三案、二百二十二棟的『興安專案』計畫，明年（二〇二四年）將有豐碩的進度，到明年底，我們預計完成九十案，超過六萬名國軍弟兄姊妹，在軍旅生涯中，將有更舒適的生活環境。」

沒來由地續上這樣一段，有點婆媽，但那正是蔡英文的風格。鍾如郁說興安專案這件事是這樣：蔡英文到湖口營區視察，軍方只想讓三軍統帥看到光鮮亮麗的一面，但她卻逕自走進老舊的房舍。中午時分，幾名阿兵哥躺在行軍床上午休，天花板的大電扇有氣無力地吹著，那軍舍太殘破太臭了，蔡英文倒抽一口氣，倒退幾步，轉頭就對國防部長說：「你給他們住這種環境，怎麼募得到兵啊？媽媽要是看到孩子來當兵住這種環境，應該會難過到哭吧？」回去就要國防部檢討，有多少國軍營舍要改建，需要多少錢，通通算出來，每個禮拜、每個月開會檢討，錢不夠，就要臺灣銀行設法融資、貸款，務必要在她卸任前達成百分之九十的進度。

李拓梓說，蔡英文超在乎人家住得好不好，穿得暖不暖。過境美國，看美軍的制服非常筆挺，看起來挺精神的，身邊的人說：「報告總統，這些衣服都是Made in Taiwan。」她啊一聲說，那為什麼我們國軍的衣服看起來都很㰍（lang，寬鬆）？回臺灣軍警制服統統改過一輪。國防改革不應只在軍火武器，也在軍心士氣，國軍的榮耀就是她的榮耀。

前參謀總長李喜明在新書《臺灣的勝算》的媒體茶敘中說，蔡英文是他見過最重視軍人的總統。他在一次召集了許多中少將，座談軍事教育的會議有所感觸：「她（蔡英文）對校長眼光看起來是有情感的，說：『那你還有沒有什麼東西，我可以幫你做的？』我沒見過，她是真心問校長，你還有什

二〇一七年六月十日，蔡英文總統出席世界海洋日暨海安九號演習，登上軍艦，聽取簡報、並視導海域演練。

麼困難？對每人都這樣，而且她真的是，你只要講得出來，她下來就會盯著要做。當然在我看來，這些都不是什麼大事情，我希望真正關注在大方向上面，我有我個人的期許。但是從這些小地方你可以看得出來，她確實是尊重軍人，她不會因為好像軍人程度沒那麼好，讀書沒那麼多，就高高在上，態度很倨傲。」

當初在臉書宣告開發潛艦的照片惹來訕笑：「國造潛艦二〇二四下水二〇二五成軍？到現在連一張設計圖也看不到……人才、機械、引擎……都沒有？你信嗎？公然製造假新聞，該當何罪？」她什麼都不回應，她只是以行動證明網友錯了。她和馬英九一樣渴望國家和平，但馬英九認為國家和平可以用談的，她以為國家和平要有國軍強力捍衛，才能夠有資格談。「我滿懷喜悅，為妳命名與擲瓶。我由衷祝福並賦予妳，捍衛海疆、確保國家安全的國防神聖使命。現在，我正式命名妳為『海鯤軍艦』。命名人：總統蔡英文，中華民國一一二年九月二十八日。」潛艦從無到有，需要鋼鐵般的意志，稍有一個動搖，就不會是這個結果，然而她在海鯤號的下水典禮，為軍艦宣讀頌詞，如此感性。她證明沒當過兵，女性不但能當三軍統帥，而且做得比前面任何一個男人還要好。

1. 蔡英文社群貼文：https://www.facebook.com/tsaiingwen/photos/a.10151242056081065/10155745412751065/?type=3（二〇一九年四月三日）。

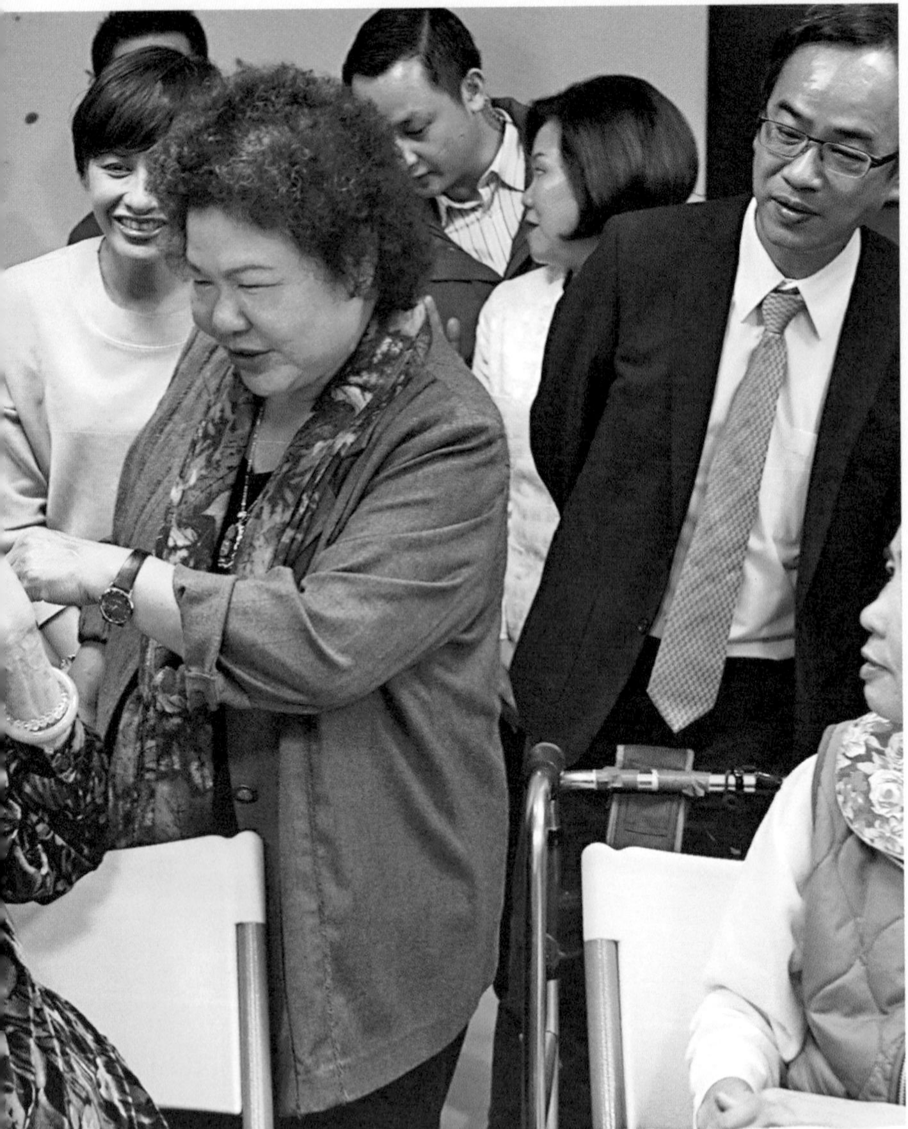

民主國家的領域展開

社會福利、新農業故事

張惠菁

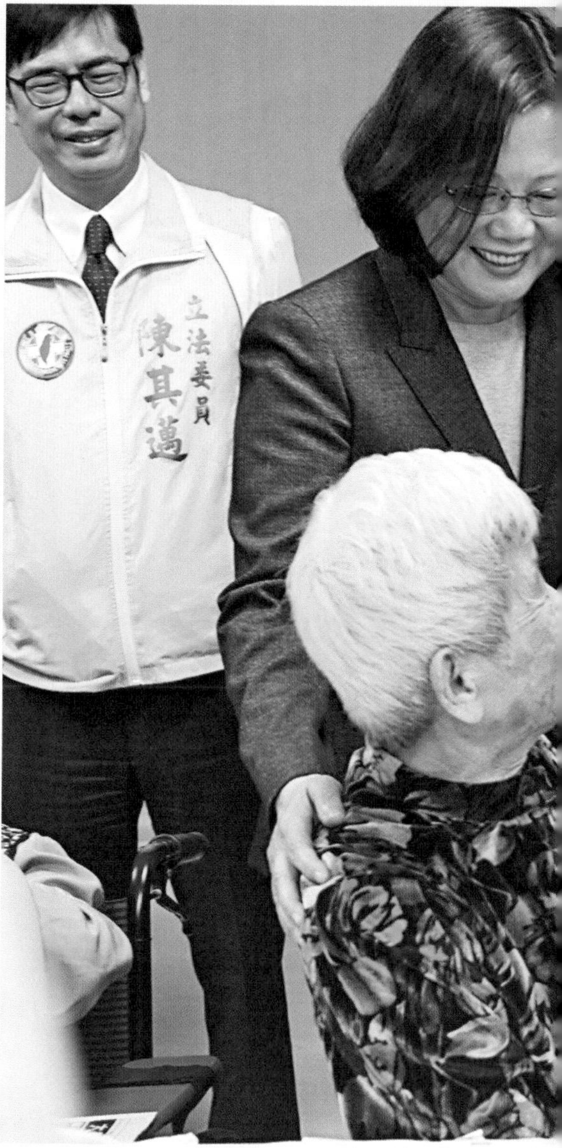

在蔡英文還是總統候選人時的某一天，臺大社工系教授林萬億對她說了一番話。

他說，臺灣下一任的總統，將要面對的情況會是：老年人口比例在二〇一八年突破百分之十四，成為聯合國定義的「高齡國家」；二〇二五年，上升到接近百分之二十一，成為「超高齡國家」；二〇三六年，突破百分之二十八，進入到「極高齡國家」。

就算不考慮外敵，就算臺灣未來幾年沒有任何來自國際經貿、區域政治的考驗，光是人口老化這一題，帶來的社會經濟衝擊，就已經有如槍林彈雨了。人口老化導致勞動力不足，再加上少子女化，一個國家的經濟面、內需市場都會受到很大的衝擊。年輕人在養老、育兒、房貸壓力下，生活艱難。「扶老比」[1]升高之下，如果有許多老人沒有得到適當的照顧，演變出長照悲歌，將會造成社會恐慌。國家的老年年金與退撫制度倘若沒有改革，軍人退撫將於二〇二〇年、勞工保險將於二〇二七年、教育人員退撫於二〇三〇年、公務人員退撫於二〇三一年，都將面臨破產。甚至當民眾預期到破產在即，就會出現提早退休或改領一次給付的擠兌潮，令退休金制度提早倒閉。

林萬億對蔡英文說：百分之十四、百分之二十一。如果妳成為總統，在這八年中，都要面對這兩個數字。妳在二〇二〇年尋求連任的時候，臺灣已經是老人比例百分之十四的高齡國家了；在二〇二四年卸任的時候，臺灣已經要邁向老人比例百分之二十一的超高齡國家。倘若什麼都不做，經濟困境、社會壓力將會壓垮臺灣。而人民會看：妳在總統任內，留下了一個怎樣的國家？

顯然二〇一六年無論是誰當選總統，面臨的都是一個困難的任期。林萬億向蔡英文預測的，只是其中一個面向。有些困難是國際普世性的：像是氣候危機、嚴重的貧富不均。二〇一〇年代後半期是全球因社會不公而爆發大規模抗議的年代，二〇一八年法國爆發黃背心運動，二〇一九年智利民眾為了公車票漲價而上街抗議、捷克發生天鵝絨革命以來最大示威，還有全球性的氣候大罷課等等。

這不是一個可以停留在原地的時代。就如《自由的窄廊》作者說的：國家與社會都必須拚命地往前奔跑，才能保持自由。[2]

「我們想要的國家」的樣子

民進黨是一個從反對運動起家的政黨，與社運團體有比較深的淵源。在蔡英文之前，民進黨有過八年執政，雖然陳水扁的總統任期結束得灰頭土臉，但那八年產生了第一批民進黨執政時期的政務官，有些人帶著執政的經驗，回到民間或學術界。

進入馬英九執政的時期，臺灣的社會力並不沉寂。二〇〇八年野草莓學運，二〇一〇年「社會住宅推動聯盟」成立，二〇一二年反媒體壟斷運動，二〇一四年太陽花學運、巢運。勞工陣線於二〇〇九年提出《勞工政策綱領》，二〇一六年提出《公平經濟新藍圖》。國民黨與民進黨的競爭，為社會倡議創造了許多空間。民主政治提供了機會，社運團體的政策研究與倡議能力也越來越成熟，有能力撬動現況。[3]

二〇一〇年時，花敬群是一名研究住宅問題的學者，也是社宅運動的參與者。他回憶當初的想法：「無殼蝸牛運動走了二十年，我們那時候確實也深

二〇二三年九月十一日，蔡英文總統視察國家住宅及都市更新中心，與包租代管房東、房客交流。

刻地感受到，不要再跟我講需求面了[4]，市場無能啊！市場沒有能力解決這麼複雜這麼困難的居住問題。所以我們那時候就覺得，要回過頭來，把『政府從供給面協助人民居住需求』的這一件事情，當作未來住宅政策的核心才對。」他說：「其實那時候一個深刻的感受就是，政府幾乎已經失去照顧人民居住問題的能力。我心裡面的態度是，要把國家失去的，或沒有的能力，重新建立起來。」

至於蔡英文自己，她此時和民進黨還處在從谷底往上的曲線底部。她的人生有好幾次這種「逆轉」的局面，在谷底的時候反而沉著。二〇一〇年她選新北市長，沒有選上，但張景森認為她在這次地方選舉中獲得的經驗很寶貴，原本一直是中央、國際談判視野的她，在這次選舉中深入地方治理的層次。她對臺灣的居住問題提出「安居三策」，呼應民間住宅運動團體的訴求，把興建只租不賣的「社會住宅」當成重要政見。她的對手朱立倫則不贊同社會住宅，提出以抽籤、低於市場行情出售的「合宜住宅」為主。蔡英文敗選時，曾經對張景森說：「我沒選上真的很可惜。」她說參選後，每次經過中永和普遍的鐵皮加蓋老舊公寓，會覺得自己對這裡的居民有責任。

蔡英文在二〇一二年參選總統，敗選後她辭去黨主席，成立基金會，找來林全，為未來政策好好做準備。如同第二章提及的，林全說當時的基金會是個「學習、成長以及規劃的平臺」，在基金會裡，從前期重新認識問題、學習新知開始，到後期決定政策、詳細規劃運營模式，一直銜接到二〇一六年的執政。蔡英文對執政的準備，從二〇〇九年準備《十年政綱》起就沒有中斷過，即便中間她曾經離開黨主席之位，也用小英教育基金會的平臺在持續進行。

二〇一四年，爆發了太陽花學運。此時民進黨的黨主席是蘇貞昌。然而蔡英文在學運現場受到學生最熱烈的歡迎，也最能聽懂學生的訴求、與他們對話。五月下旬，蔡英文經由黨員直選，第二度出任黨主席。

回任黨主席後，蔡英文能夠動用的資源更多了。兩年來，她和林全在小英教育基金會召集的討論，現在銜接到智庫和政策會去擴大進行。蔡英文以黨主席身分，兼任民進黨智庫新境界文教基金會董事長，林全出任新境界文教基金會執行長。這一屆的新境界文教基金會董事，納入多位產業界、社運界、文化界人士。其中有些人的政治立場並不特別親綠，明顯可見蔡英文想更廣泛諮詢，擴大光譜的用意。[5]擁有區域與都市規劃、管理學雙碩士學位，原本在雲林縣擔任副縣長的施克和[6]，這時被劉建忻找來擔任民進黨政策會首席副執行長。

施克和是劉建忻口中「非常仔細，超適合政策部門」的人。這一年的政策部門，銜接上蔡英文與林全在小英教育基金會的兩年準備，成了幕僚口中「史上最大規模政策會」。施克和說：「我覺得歷次的選舉，那一次的政策部門運氣最好，因為那時候把所有政策部門打散，智庫跟政策會變成一個團隊，有點類似雙首長制。頭是林全，但是實際的執行長則是張景森，張景森會每天盯著。我們幕僚有二十幾個人，每一個幕僚都可以對上三到五個學者，都是小英跟那時候的智庫找的。那時候還曾有兩百多個學者在中央黨部八樓[7]，定期為了寫白皮書開會，其中活躍的學者至少有六、七十個。我那時候運氣很好，因為資源是統合的、指揮是很乾淨的，就只有小英、林全，或是小英、建忻，要寫成文稿就是拓梓跟重諺，人的資源很完整。後來的選舉都沒有這樣子。」劉建忻補充：「之前也沒有。」

林萬億是二〇一二年新境界文教基金會的執行長，二〇一四年時受邀擔任董事。他曾經是蘇貞昌擔任臺北縣長時的副縣長。離開副縣長職務後，他回到學術界，召集了跨領域的學者合作進行「高齡社會的來臨：為二〇二五年臺灣社會規劃之整合型研究」。期間他到日本訪問，駐日大使許世楷特別安排他與一位日本厚生勞動省的高階文官見面。這位文官與林萬億分享日本的長照經驗，也對其他國家的作法提出他自己的觀察，提醒林萬億：擘劃長照政策務必小心謹慎，「這是千百年大計」。林萬億說：「我謹記在心頭，覺得這是一個很嚴肅的課題。」

陳時中在陳水扁政府、謝長廷內閣時擔任過衛生署副署長，是前政務官。林萬億邀請他到智庫參加政策討論，撰寫《醫療政策白皮書》。農業經濟學者陳吉仲也在同時期加入討論。當時智庫進行了數百場會議，從產業環境、結構性的問題討論起，制定出「五加二前瞻產業創新計畫」，其中就有「新農業」。後來陳時中接替林奏延出任衛福部長，指揮臺灣度過全球疫情。陳吉仲從農委會副主委，到首位農業部長，任內啟動不少農業基礎建設。這段時期的幕僚，有不少人後來也進入部會，幫助部會的政策溝通和運作。

形勢似乎潛移默化地轉變著。二〇一四年發生的不只有太陽花學運。五月底，爆發了合宜住宅弊案。葉世文在馬政府時期擔任營建署署長的期間，和後來擔任桃園縣副縣長時，都藉著興辦合宜住宅，收受建設公司的賄款，總計達兩千多萬。經過訴訟，葉世文被判刑十四年定讞。合宜住宅只有第一批低價承購的住戶有如抽中「樂透宅」[8]，低收入戶仍然消費不起，對解決臺灣居住問題沒有幫助。這一年年底，內政部長陳威仁表示，政府不會再推合宜住宅，改以社會住宅、租金補貼為主。二〇一〇年由社運團體倡議，蔡英文正式納入政見的社會住宅，終於有了比較高的接受度。二〇一四年縣市長選舉，幾乎各縣市的候選人都以社會住宅為政見，臺北市柯文哲喊出五萬戶，臺中市林佳龍一萬戶，桃園市鄭文燦兩萬戶。

花敬群在二〇一四年擔任新境界文教基金會的土地及政策小組召集人，研究了一年多，對社宅政策規劃較完整後，向基金會提出報告。在場除了蔡英文，還有林全、陳博志、施俊吉、朱澤民等重要學者與前政務官，都在會議中聽花敬群報告。「我本來以為報告一次，主席聽了ＯＫ就好。沒想到聽一聽，提了各式各樣的問題，要我過兩個禮拜再來報告。過兩個禮拜去報告，又再問得更詳細，又說過兩個禮拜再來，我回去就針對他們的問題，再仔細準備。」

到了第三次報告，小英主席拿著花敬群提出的財務分析，問朱澤民（當時的中華財政學會理事長，後來在蔡英文政府中擔任主計長）：「他有沒有算錯？」

「我那時候才知道總統這麼仔細！雖然我已經把很專業的財務分析，在會上講給大家聽，但其實她找了朱澤民老師，把這些東西全部重新算一遍，怕我弄錯。朱老師說：『報告主席，他沒算錯。』講完這句話，總統就說：『好！開記者會發布。』這是總統二〇一六選舉第一個對外公布的政見。我嚇一跳，原來是要這樣子，考試才會過的。」

花敬群說：「那次經驗對我來講那是一個震撼，可以看到總統對於合理、可行性這件事情的重視。」拍板定案之後，她就讓花敬群繼續去與林全談土地、財務等細節。

二〇一四到二〇一六年，似乎有一股「規劃理想國家」的氣氛。競選文宣團隊的羅融也說：「那個時候在競選團隊裡面，我們想要未來的國家是怎麼樣，就盡量提，包括同婚，包括反核。大家想像的是一個『我們想要的國家』的樣子，那個氣氛很濃，所以戰力就很強。」其實在文宣團隊能夠盡情發揮對理想國家想像的背後，還存在著上述的政策核心主腦，有一支「史上最大規模政策會」在做著準備。

⋯⋯把照護的網絡建起來

蔡英文想像的，是一個在長照、幼兒托育、社會住宅、社會安全網、農業各方面，都有完整永續方案的國家。她的就職演說是一個改革的宣告。她提出當時臺灣的問題，產業和外交等先不在此論，其中與社會福利相關的問題即有：「我們的人口結構急速老化，長照體系卻尚未健全。我們的人口出生率持續低落，完善的托育制度始終遙遙無期⋯⋯我們的貧富差距越來越嚴重。我們的社會安全網還有很多破洞。」

二〇一六年三月發生了內湖隨機殺人案，凶手王景玉殺害了幼童小燈泡。李拓梓記得，當時這件事令他感到非常恐怖，第二天早上送兒子去保母那裡時，他下意識把兒子抱得特別緊。這很可能也是當時許多父母的感受。蔡英文已經當選總統，還沒有就職，她去小燈泡家中慰問，王婉諭對她說起「社會安全網」，蔡英文帶著這個概念回來找林萬億談。林萬億表示，王景玉有多重議題的需求，例如：精神疾病、成人保護、使用毒品、長期失業等。他也曾接受過社會服務，但可能在衛政、社政、就業、民政警政、教育和法務的各種系統間存在著漏洞，以致於沒能防止悲劇。蔡英文要林萬億在她五二〇上任後，除了年金改革，還要同時負責社會安全網的盤整，把洞補起來。上任後林萬億就開始建構跨部會的體系，並且從中央整合到地方。後來每當特殊案例發生，例如嘉義車站殺警命案、玉井縱火案，總統就會要林萬億做案例分析，看看是在哪裡發生了漏接，未來有沒有防範的可能？

社福部則開始一步步建構「長照二・〇」服務網。林萬億參考日本的經驗，設計成「長照ABC」三層體系，把這個系統性的網絡建立起來。[9]這個體系背後的邏輯是「在地老化」與「自立生活」，希望老人能就近在社區內得到照顧，照顧者也可以得到喘息，等於現在就要為臺灣邁向極高齡社會做準備。蔡英文會在會議上要求知道ABC三級據點的設置數量，照服員人數、薪資的成長情況。政策一邊推展，也會一邊檢討財務狀況，在二〇一九年初的一次內部檢討後，她了解到財務沒有問題，就開始要求政務官研究擴大長照的新增方案，例如加強設置長照住宿機構，加強對農漁民、偏遠鄉鎮的長照服務等等。

幼兒的托育網絡也啟動。教育部長潘文忠說：「在臺灣這麼多年推動有關學前教育，其實國家的角色一直是不清楚的，覺得生兒育女是家庭的事情，所以走了很長的時間。」蔡英文明確地把「完善的幼托制度」當成國家必須給父母的支持。在這個原則下，以「準公幼」的方式，國家補助私立幼兒園，將私立幼兒園納入管理。實行之後，公立幼兒園的費用每月一千元，非營利幼兒園兩千，跟政府合作的準公幼大約是三千元，比起過去私立幼兒園學費每月動輒上萬，父母親經濟壓力減輕非常多。另一方面，城鄉都有育兒的需要，但是資源卻差距很大。賴清德在臺南市長任內，有在非都會區推保母制度的經驗，成為行政院長後，把臺南的經驗推廣到全國，也在他任內定下了公共托育每人定額補助六千元的制度。蔡英文一直希望鼓勵企業朝向幸福企業的方向，提供員工幼托服務。但是一般企業表示員工生孩子的人數不穩定，在這樣情況下營運幼托的成本過高，而工業區內的企業設置幼托則會有噪音問題。所以後來由政府單位做起。國防部就辦了非營利幼兒園，下班時間常可看到著軍服的國防部員工接孩子一起回家。

長照照服員、幼兒園幼保人員、社工，都是照護者的職業。陳時中說：「可近性、照服員的薪資，蔡總統最重視的就是這兩點。」林萬億也曾被蔡英文問過社工的薪水，質疑他：「你這個社工界的大佬，怎麼可以不幫社工爭取薪水？」林萬億對當時蔡英文說的話印象深刻：「她說，你應該很清楚，社工是臺灣社會非常珍貴的資產，因為他們解決了太多政府做不來的事情。他們在第一線，面對那麼多辛苦的事，家暴、精神疾病，什麼都要靠他們，我們應該把制度建立起來。」我們的社會往往一方面很需要照護者，卻又矛盾地把照護工作當作低階勞動。蔡英文很看重給予照護者更高的薪資，讓這些工作能夠成為有前景、吸引人投入的行業。

做事的人，氣要夠長

不同於外交和國防，內政的長照、托育這些，多少跟每個人都有關。需要的人會很有感，沒有需要的人就完全無感。蔡英文的第一個任期，幕僚當中剛好李拓梓的兒子正巧在上幼兒園的年紀，於是李拓梓就成了幕僚中的「父母擔當」，有關幼托政策的細節，蔡英文常會問他，要是答不出來會被說「連你都不知道」，但是兩年一過，「現在你問我幼兒園政策，我已經搞不清楚了，因為小孩讀小學，就不會管幼兒園的事」。從這點正可以看出，對孩子和家長而言，時間過得很快，如果要給予他們支持，就必須立即著手，否則又是一代的孩子得不到照顧。著手之後，得到經驗，也再繼續滾動式改善。在李拓梓之後，幕僚群中下一個當爸媽的是黃重諺，黃重諺育兒享受到的福利，比李拓梓時候又更好，表示「〇到六歲，國家跟你一起養」的政策還在往前進。

二〇二三年九月，有一個「我們＋：二〇二三臺灣社會住宅展」在臺北市松山文創園區展出，各縣市都將各自的社宅案並列呈現。社會住宅初期主要是由地方政府規劃，但是推動不易；賴清德擔任行政院長任內中央成立行政法人「國家住宅及都市更新中心」（簡稱「住都中心」）後，成為主要負責單位。

花敬群說：「我們蓋社會住宅有一個很基本的態度，我們要強調的是『二十一世紀庶民生活的新社區』。」社宅常有被貼標籤的危險，過去認為社宅是為了低收入戶而蓋，有居民認為住家附近興建社宅會影響房價下跌而抵制，但低收入戶不代表居住環境低品質。花敬群說，由國家來規劃的社宅必須符合綠建築、智慧建築、耐震這三大標章，也要重視興建過程與完工後的節能、碳排放與資源循環。臺灣社宅起步比許多國家都晚，更應該趁此機會帶入最新的觀念與技術。「如果我們在未來十年繼續這樣下去，臺灣的社宅，未來展現出來的價值，還有內涵，可能是全世界最棒的。」像臺北的南機場社會住宅，是全球第一個取得「BS 8001:2017」循環經濟國際認證的社宅。

社會住宅開始運作後，也會從中長出新的內涵。例如「林口選手村社宅」有三千四百九十戶。花敬群說，當初還在智庫規劃時，蔡英文就對他說過，「社宅要跟社會福利結合」，而他也認為：「要看到的是生活。生活跟各種社福在這邊變成一個平臺。」住都中心接管選手村社宅時，由於戶數夠多，就進行了住宅與社會服務結合的規劃，除了在社宅申請上，設計出配租的百分比給特別有需要的族群，也保留部分空間給NGO，由住都中心公開邀請NGO來提案，最後有八個單位入駐。

於是林口選手村社宅成了一種生活的實驗場。例如自閉症權益促進會就在這裡建立起一個友善社區，讓自閉症家庭入住，家庭之間可以互相支援，特別是照顧自閉兒的父母親們也能夠喘口氣。勵馨基金會在這裡成立了全臺最大的據點，安置受到家庭暴力傷害的女性和子女，幫助他們重新走入社會。對一般家庭，就近就有課後輔導。雙老家庭、失智老人，就近能找到幫助。

公辦都更也逐漸展開。花敬群說，現在臺灣還沒有大型都更，所以真正參與的其實是中小型建商。民間主動申請的都更，透過《都市危險及老舊建築物加速重建條例》，從危險、老舊、居民有共識的社區優先做起，規模較小，承接的也是中小型建商。政府主導的公辦都更，要公平，要專業，要協調居民，也重視保留街區記憶，這些也是新的能力，一案一案累積起來。

花敬群說：「我跟我們同仁講，反正你就做吧，你氣夠長，最後大家都會肯定，你氣太短就輸了。」

二〇二〇年六月十九日，總統參訪位於林口社會住宅的文仁非營利幼兒園及勵馨基金會。

農、漁業升級

訪問陳吉仲部長的那一天，他早上才為雞蛋問題開了記者會[10]。我在大雨中來到農業部。會客室放著中式桌椅，每張椅子的距離都很遠，有種老派的官場感。牆上有一個巨大的橫幅，寫著「農為國本」四個大字，署名李登輝。我正在想，在這樣的空間、這種距離，要怎麼訪問，陳吉仲部長滿臉笑容地走進來，為遲到連聲抱歉，然後就開始了對話。在這個老派的空間裡，反而顯得他是一個說話與行事風格頗為實際的部長。

在蔡英文任期內，農民有了完整的保險和退休規劃：「三保一金」。三保當中，「農民健康保險」是原本已有的，但已三十五年未有調整，蔡英文任內保額提高，保費不變；「農民職業災害保險」新開辦；「農業保險」也是新辦，著眼於農民看天吃飯，有時會遭遇不可抗力因素而損失慘重（天災、市場價格崩盤等等），因此開辦這個保險，保費由農民部分負擔，部分由政府補助。一金則是「農民退休儲金」。在各種職業當中，農民沒有退休金，因此選舉時農業縣立委總會搶著喊出「老農津貼加一千」的支票，但這不是長遠的制度，所以推出退休儲金，由農民儲金，政府相對提撥。陳吉仲表示：「用農民退休制度來思考，會更長遠，更多農民受益，也可以照顧到青農。年輕人回農村有保障，就會更願意回去。這是對於農業變成是一個職業，長遠的發展。」從農業保險的例子可以看到，蔡英文政府對於「農業」的思考方式，和過往政府有些不同。臺灣在走上工業化的路程上，農業長期被忽略，農民被認為是弱勢，在比較好的情況下是「需要被照顧」，很多時候是被遺忘的一群人。蔡

二〇二一年元月四日，蔡英文總統出席農民退休儲金制度開辦典禮。

英文政府把「從農」作為一個職業來思考，希望這個職業有前景，有年輕人投入。這和她對照服員、社工師的看法很類似——對國家而言基礎但重要的職業，必須讓它有可發展性。

臺灣農業走到現階段，「我們的基礎設施要升級」，陳吉仲任內做了許多升級的措施：農民可以申請農機具補助；政府建立全國冷鏈物流、初級加工的設施；畜牧業用「養豬百億基金」輔導養豬場改善成現代化豬舍，屠宰場升級到符合HACCP標準，肉品冷鏈升級。

基礎設施的投資讓產品升級，有些危機因此化成轉機。例如當中國抵制臺灣鳳梨時，因為有冷鏈，產品採收後可用攝氏十三度全程運送，且能符合日本的檢疫標準，鳳梨因而改銷日本，還進入茨城地方的學校，成為學童的午餐水果。[11]

臺灣豬在二〇二〇年六月口蹄疫拔針成功，二〇二三年七月傳統豬瘟也拔針，倘若屆滿一年無案件發生，臺灣將成為亞洲第一個三大疫病的非疫區。其中口蹄疫拔針成功，歷時二十四年。一九九七年口蹄疫在臺灣爆發時，陳吉仲的父親是當年損失慘重的豬農之一。當世界動物衛生組織（Office international des épizooties，OIE）將臺灣從疫區除名，陳吉仲將證明交給蔡英文時，蔡英文對他說：「你是王子復仇記。」其實陳吉仲不是王子，他復仇的對象也不是人，而是病毒。今年，臺灣豬肉開始重返國際市場。

臺灣的遠洋漁業在二〇一五年被歐盟舉黃牌，列為打擊「非法、未報告、不受規範漁業」（Illegal, Unreported, Unregulated，IUU）不合作第三國警告名單。有這張黃牌在，未來若拿到紅牌，臺灣的漁業產品不能外銷歐盟；要解除黃牌，就必須改善管理。陳吉仲說：「這個黃牌就是一個典型的，我們要怎麼升級，去跨越國際的標準。」臺灣本地媒體也對血汗漁場有過許多報導[12]，此刻又面臨國際制裁。國家的介入方式，先是修法，二〇一七年，通過「遠洋漁業三法」。接著是升級設備，遠洋漁船全面裝設漁貨回報系統，用平板電腦設計「卸魚聲明」的介面。但是在海上作業的漁船，工作方式有許多灰色或不明的地帶。二〇一八年底，漁民曾到農業部抗議執法過嚴、罰款過重。不過最終臺灣還是在二〇一九年解除黃牌。

不浪費一場危機

全球COVID-19疫情爆發後，疫情初期發生口罩缺貨的現象，暴露出臺灣有些東西依賴進口，突發狀況下，有可能緩不濟急。蔡英文要求對物資存量做盤點。陳吉仲說：「那時還沒意料到疫情會持續那麼久。但是的確，總統就覺得說，像我們這樣一個情勢特殊的國家，可能是需要對關鍵基礎設施去盤點。」這當中就包括糧食和飼料等農業生產要素，蔡英文要求，都要有至少六個月的存量。

臺灣的肥料主要是進口氮肥、磷肥、鉀肥，飼料主要是進口玉米。疫情時全球航運大亂，一度訂不到貨輪，無法運送足夠的飼料存量來臺。陳吉仲向蔡英文回報時，她非常堅持，「她說不行，你再怎麼樣，就把船期要先下訂。」最後是飼料工業同業公會付了比平常更高的價格，才訂到船班，把足量的飼料用玉米運送來臺。但是當陳吉仲詢問費用問題時，公會理事長鄭武樾表示：政府把防疫守得很好，如果今天有非洲豬瘟，飼料誰要買？所以這些多出來的運費不需要政府來出。

結果是就像邱吉爾的名言：「不要浪費任何一場危機。」三年前，因為疫情，在蔡英文要求下，臺灣建立起了一個糧食安全的運作機制。「到現在我們每個月都會盤點，現在的自產玉米、肥料庫存多少，種子、種苗多少。從三年前開始，到現在都這樣在運作。我們豬肉庫存多少量，魚多少、雞肉多少、米生產多少，預計還有多少。」一次疫情危機處理，變成是長期韌性的一部分。這點充分說明了蔡英文的「做好準備」性格。烏俄戰爭爆發後，她也有一些相應的指示。

既然是這樣一個氣候不穩定，全球供應鏈脆弱的時代，國內可以自主生產的糧食資源、可用的農地，當然也就非常寶貴。蔡英文總統任內，解決了農田水利會升格為公務機關的問題。這件事表面上看起來是一個機構從屬的問題，實際上影響很大，從李登輝時代就想解決，但一直沒能跨過最後一道門檻。

臺灣的灌溉資源，由於歷史上的因素，掌握在農田水利會手中。臺灣總共有七十幾萬公頃的農地，但是農田水利會能夠服務到的只有三十幾萬公頃，這些「灌區內」的農民會繳納水租。但還有三十幾萬公頃的農地，位於農田水利會的設施能夠送水的範圍外，叫做「灌區外」。灌區外的農民不必繳納水租，但用水就必須自己想辦法。這個問題已經存在多年，其中涉及非常複雜的問題。李登輝曾經想改革，但沒能實現。陳吉仲說：「最根本的問題，水是公共財，不應該是任何團體壟斷。」蔡英文決定開會解決這個問題，請農委會擬定措施，也請擔任過農委會主委的蘇嘉全幫忙協調，一一取得水利會支持。二〇二〇年七月，立院三讀通過，農田水利會正式改制為公務機關，讓這個陳年公案有了結果，也可以看得出蔡英文的意志。

水利會變成公務機關後，國家就能整體規劃引水。南投埔里的大坪頂，是臺灣最重要的百香果產地，過去灌溉非常不易，現在農田水利署從能高大圳引水，用長達十六公里的管線，穿越隧道、山谷，送到大坪頂蓄水池，加壓輸送到農民的田裡。花蓮玉里的長良有機專區，過去也是屬於灌區外，只能種植雜糧。把水引進後，排水系統使用生態工法的草溝，當地便成為有機水稻、瓜果的重要生產基地，生產出「銀川米」、「東豐米」。花蓮瑞穗的蜜香紅茶，也受益於新的引水灌溉。

改革為什麼那麼難？

這些長期性的政策，在陳吉仲眼裡都非常基礎而且重要。他在訪問中說了這麼一句話：「我也不知道為什麼以前都沒有人要去把冷鏈做好？為什麼以前都沒有人去把農民的福利制度做好？為什麼以前沒有人去讓學校午餐使用在地食材？」

但是幾天之後，陳吉仲因為雞蛋風波下臺了。

不久，農業臉書粉專「LinBay 好油」版主林裕紘被爆出自導自演網友恐嚇案，甚至被發現其中有認知作戰的跡象。從吳音寧與北農事件，到陳吉仲任內，有關農業的議題爭議多，假訊息也很多。有系統的操作顯然不是第一次[13]，只是這次在「LinBay 好油」事件中，才比較清楚地被大眾看見。農業治理為什麼這麼難？是因為利益嗎？在陳吉仲辭職後，我再次訪問他。

「當然是利益。而且最主要都是在市場通路端。」他說，臺灣有些農產品，長年以來價格掌握在少數人手上。「農業部門看起來好像很單純，就是農產品，每天消費者都在接觸。其實市場上有很多看不到的問題讓產地價格偏低，導致我們的農民所得無法拉抬。所以我才會說，看起來很簡單，其實很複雜。」

從產地端而言，臺灣的蛋農，多是分散的小型養雞場，經營者也相對年長，使得他們傾向按照慣習經營，無力做出改變。陳吉仲很遺憾地說：「雞蛋產業，我坦白講，在臺灣兩三百個農產品裡面，幾乎是設施最初級的。三萬隻以下的戶數占了八成，經營者都是六、七十歲。我們三、四年前要補助改善，他們都不要，他們覺得雞舍應該不會再經營五十年、一百年，因此計畫推不太動。」他說，臺灣對進口雞蛋有百分之三十的關稅，在關稅保護之下，國內的雞蛋需求幾乎都由來自國內的生產所提供，這讓產業比較沒有自發改善的動力。他舉養豬業作為對比，豬肉因為開放進口，有競爭壓力，養豬業升級的動力很強，加上「養豬百億基金」挹注，又成功防治了豬瘟，「臺灣豬」的品質廣被認可。

但是雞蛋產業沒有經歷過這樣的洗禮，小型養雞場仍然按長年的慣習在運作。蛋商公會從小型養雞場拿蛋，沒有經過洗選和冷鏈，配送到傳統市場——這樣的「散蛋」管道，占了所有雞蛋產銷的一半以上，因此六家蛋商公會足以左右市場的價格。而公會從產地拿蛋，是否給蛋農合理的利潤，也不是外界所能置喙。「這種通路如果你改變了，才有辦法改變他們對價格的決定能力。」

洗選蛋管道是不同的情況。雞蛋進入洗選場後，洗選、噴印、包裝都有固定的成本，洗選場的利潤也是固定的。「我們本來預計，年底洗選占到七成、八成，雞蛋價格的決定就會更合理了。」陳吉仲說。他希望能把產地價格拉高，保障蛋農，但是到了市場端，對消費者而言價格又不會太高，這就會壓縮到中間商的利潤空間，「所以我也坦白講，很多生意人都不太喜歡我」。

如果再加上全程冷鏈，就能延長雞蛋的保存時間。國外雞蛋因為噴上一層植物油的膜，加上冷鏈，能保存三到四個月。保存時間延長，有庫存可調節，市場就不容易短期波動。如此看似合理的規劃，會改變市場慣習、壓縮中間人利潤，也就連帶產生種種影響。因此經常有人用「水很深」三字評論農業產業。

加上臺灣的農業，還保留著不少特殊歷史遺緒，不熟悉的人難以看出其中的關竅。例如稻米的保價收購制度，陳吉仲說：「保價收購什麼時候開始？從蔣經國當行政院長，一九七〇年到現在，已經五十幾年了。全世界有保價收購的，我認為大概只剩臺灣了，因為日本、韓國都改掉了。每年政府花多少錢？一百五十億。因為你是用高於市場的價格收購的。但是一年花一百五十億，我們要問一個根本的問題：稻農的收入有增加嗎？沒有。」

因為保價收購的制度，導致稻米長年過度生產，市場價格又過度壓抑，公糧倉庫又囤到滿出來，過期稻米報廢餵豬，陳吉仲認為是一個很沒有效率的制度。他採取的作法是「水稻四選三，大區輪作」，也就是農民可以在每兩年四期的耕種中，任選三期栽種稻米，這三期稻米政府仍然用公糧收購。第四期，稻農可以用來種雜糧或其他作物，如果仍然決定種稻米，也是農民的自由，只是政府不收購。目標是把種稻米的面積降下來，減少過度生產稻米，增加雜糧生產。

但是這個政策在推動的時候，卻遇到很大的阻力。對長年種稻的農民來說，改變是困難的。「那個過程多痛苦啊，我們去雲林彰化，都是我們的立法委員辦座談，砲聲隆隆，可是後來發現效果出來了，價格拉高以後，聲音就不見了。」

陳吉仲說：「大家說國家要永續，比如說農業要永續，農業要永續很簡單，你有陽光、要有農地、要有水，這三個缺一不可，然後要有農民。要有農民，你一定要讓他所得增加，就是要改變長期以來農產品價格偏低的問題。」水稻大區輪作、冷鏈、農產品加工、外銷市場，都是希望做出調節，改變農民所得問題，同時讓產業升級。

改革過程會產生新的生產和商業模式，陳吉仲說：「我不諱言，一定會有人受影響。」在陳吉仲辭職時，有媒體羅列了各種對陳吉仲的評價，一般讀者看著那一條又一條未經說明的「○○○說」，恐怕未必能意會到，發言者也有可能是被改革影響到了利益的人，因此他們的發言中有自己的立場，未必全然客觀。陳吉仲說他知道他推動的政策一定會影響到一些人，不過：「整體政策的效益跟成本，可以看得出來。」

農業，恐怕是臺灣產業轉型最困難的一塊。把陳吉仲任內所做的事合起來看，其中有一種農業治理的新方向。從對農民更完整的保障，到基礎建設、產業升級等等。劉建忻認為陳吉仲做了很多「以前有講，但從來不做、不可能做的事，慢慢讓它變成健全的體系，對臺灣整個農業發展而言，滿劃時代的」，但是這些改變的意義要讓全民了解，也許並不容易。

總統的眼睛看到了什麼？

蔡英文的八年任期快要結束了，有人認為國家改變很多，有人認為沒有。二〇二三年七月，「館長」陳之漢號召支持者上凱道，發布一支影片，片中說：「這幾年，你過得好嗎？」「再四年，你受得了嗎？」當民進黨以外候選人討論誰和誰合時，他們的共同點是「下架民進黨」，訴求的是民意中的「討厭民進黨」，過去八年在反對者口中是民不聊生的八年。

八月，蔡英文說明八年執政最後一本總預算。這八年，政府投入在社會福利上的預算，成長幅度非常可觀。二〇一六年的社福預算是四千六百億，一路上升，到二〇二四年達到七千九百億，占比總預算的百分之二十七．五，其中長照預算達到八百七十六億。預算成長對應的是業務範圍擴大、要做的事變多，衛福部、農業部的業務都大幅升級。南港的衛福部大樓經常入夜後還燈火通明。

投入最大，受到的批評卻最多。蔡英文政府滿意度最高的施政是國防、外交。相比之下，內政是一個做對了沒有獎賞，做錯就慘了的領域。就像「外國倫看台灣」粉專說的：「讓你覺得舒服的事情，你不會注意，因為你很快就習慣了，你只會注意到讓你不舒服的事情。」[14]

總統的眼睛又看到了什麼呢？從長照、社宅，到新農業，都有多年來累積的問題。提出要改變的人，也會被當作要負責到底的人。不過蔡英文似乎不太怕困難就是了。張景森回憶，在啟動《十年政綱》之初，蔡英文是這樣說的：「我們現在看到很多事情，要馬上解決它，非常困難，甚至是不可能。但是你如果是用十年做一個目標，好好規劃，做正確的分析，訂出策略，慢慢去做，其實是會做得到的。」

這樣的「規劃型」性格，顯然是蔡英文的特點。她從二〇〇九年開始準備，二〇一二年成立小英教育基金會，二〇一四年帶領新境界文教基金會和政策會，一路訂定執政的方向。進入執政後，她仍然是政策控，讀資料讀得很詳細，幕僚沒有做足功課，會被她問倒。林萬億說：「她的學習能力超乎常人。」

執政初期，因為年金改革，她所到之處，抗議者往往隨之，她為此少出門，彷彿困在官邸與總統府中。二〇一八年以後，情況改善，幕僚團隊也找到了方法，懂得幫她安排各種與政策相關的行程。李拓梓說，蔡英文並不會只看經過包裝的、別人要她看的。「她會問出她想要的，問出政策不足的地方，再去修改。她這點滿厲害的。」

總統行程前，幕僚都會去前置作業。例如在湖口軍營，鍾如郁去前置時，發現有一個地方，國防部人員特別繞過不走，原來是一處最破舊的軍營，一個個房間在熱天裡悶蒸著軍人的汗臭味。鍾如郁看到之後，告訴國防部人員不用繞道。她知道總統看到不會生氣，而是會為軍人解決問題。總統果然正如她所想，在看到那處軍營之後，啟動了興安專案來改善營舍。顯然蔡英文作為一位老闆，她的理性是被幕僚信任的。

蔡英文也會安排在各種機構訪視時，坐下來和當地從業人員座談。「那個她最愛。」李拓梓說，大約七、八個人的面對面座談，是蔡英文最擅長的，「她非常能夠在這種現場掌握話語節奏，她會表現得非常機智幽默，現場的人都會很喜歡她，而她也很不怕聽實話。」她會從訪視行程中發掘一些資訊，把問題帶回來，要政務官和幕僚去解決。例如她注意到娃娃車安全問題，後來就有娃娃車屆齡淘汰補助計畫。

不過「內政」仍然是她被對手猛攻的一環。有人說她的執政，同時開了太多的戰場。但她若不是對國家哪些方面需要轉型有整體圖像的人，有些戰場大概不會去開。比起八年前，現在質疑社會住宅、長照、公共托育不該做的人少了，覺得應該做得更好的人多了。這些領域漸漸被視為民主國家應有的社會投資。推動這個改變的，不會是網上的酸語，是有備而來的挑戰：像是許多社運團體一直在進行的政策研究和倡議，還有蔡英文從在野時期開始做的那些準備。

就像《自由的窄廊》說的，為了活得自由而繁榮，國家和社會都要提升能力，賣力奔跑起來。

蔡英文想在任期內完成的，不是只在自己的任內有政績，而是把支撐的系統建起來後，可以長遠地走下去。林萬億說：「無論長照、社會安全網，她都規劃到超過她的任期。」花敬群也說，蔡總統每年到住都中心，都會對中心的同仁說：「社會住宅，你們一定要在我任內做到point of no return（不會回頭）的程度。」

她有一種沉得住氣的時間感：困難的事，用十年做目標來規劃；基礎建立起來後，還要繼續為十年後打底。她也有一種往外延伸的空間感：把過往政府忽略的事物納進來，用規劃去打開那些角落的黑盒子。不知不覺，我們對國家角色的體認似乎有了轉變。在我們的時代，看到民主國家的領域展開。

1. 「扶老比」，每一百位青壯勞動人口所扶養老人人數的百分比。根據內政部二〇二一年一月公布的資料，臺灣的扶老比是百分之二十一。臺灣扶老比最高的縣市是：嘉義縣、臺北市、雲林縣。最低的縣市是：連江縣、新竹縣、桃園市。

2. 《自由的窄廊》認為，自古以來自由是一道窄廊，只有少數國家能夠一直保有自由，其關鍵的因素在於「紅皇后效應」。如同《愛麗絲鏡中奇遇》中，紅皇后的世界是一個快速流動的世界，愛麗絲與紅皇后必須不斷奔跑才能停留在原地。作者以此隱喻國家與社會的關係，兩者都必須不斷提升能力，又互相制衡與信任合作，才能保持不掉出自由的窄廊外。戴倫・艾塞默魯、詹姆斯・羅賓森，《自由的窄廊：國家與社會如何決定自由的命運》（新北市：衛城出版，二〇二〇年一月）。

3. 例如住宅運動影響政策的經驗，可參考廖庭輝《無住之島》中對住宅運動史的回顧。廖庭輝，《無住之島：給臺灣青年世代居住正義的出路》（新北市：衛城出版，二〇二二年九月）。

4. 花敬群所說的需求面，是指讓人民自己去民間買房、租房，政府最常做的是補貼。供給面則是指政府直接來供給，例如社會住宅就是屬於供給面。歐洲許多國家社宅比例高，即是較重視供給面。

5. 二〇一四年七月，新境界文教基金會通過第九屆新任董事名單，與過往相比，光譜明顯更加寬廣。除了由非民進黨籍的林全擔任執行長外，產業界如前廣達執行長王震華，法律界如顧立雄，出版界如何飛鵬，文化界有平路、吳念真、吳音寧等人在內。民進黨：〈新境界文教基金會通過第九任新任董事名單〉https://www.dpp.org.tw/media/contents/5952。

6. 施克和是倫敦政治經濟學院區域與都市規劃碩士、倫敦大學帝國學院管理碩士，現任國發會副主委。

7. 民進黨中央黨部在九、十樓，八樓是新境界文教基金會。

8. 《今周刊》報導：〈合宜住宅變「樂透宅」 抽到就賺到？揭密投資客如何破解轉售限制〉https://www.businesstoday.com.tw/article/category/161153/post/201906130038/（二〇一九年六月十三日）。

9. 「A 級單位規模最大，是社區整合型服務中心，B 級單位是複合型服務中心，C 級單位則是巷弄長照站——你可以把 A 想成是『旗艦店』，B 是『專賣店』，C 則是『柑仔店』，結合三者，以『1A、2B、5C』的架構，建立綿密系統，A 級單位可以提供 B、C 單位督導與技術資源，B、C 級單位的普及化，則讓有需要的民眾就近得到方便的服務。」摘自陳時中，《溫暖的魄力：陳時中的從醫初心》（臺北市：天下文化，二〇二二年七月）。

10. 《中央社》報導：〈陳吉仲談進口蛋再鞠躬致歉 強調政策完全正確〉https://www.cna.com.tw/news/ahel/202309190256.aspx（二〇二三年九月十九日）。陳吉仲後於九月十九日辭職獲准，二十一日辭職生效。

11. 二〇一七年時，臺灣農產品外銷最大市場是中國，占百分之二十一，生鮮水果更是占到百分之七十七。二〇二二年，農產品外銷中國的比例降到百分之十三，生鮮水果降到百分之四・四。取代中國的是美國、日本市場。

12. 例如《報導者》在二〇一六年底製作過深度報導：〈造假・剝削・血淚漁場——跨國直擊台灣遠洋漁業真相〉https://www.twreporter.org/topics/far-sea-fishing-investigative-report（二〇一七年一月十日最後更新）。

13. 吳晟，《北農風雲：滿城盡是政治秀》（臺北市：印刻，二〇二〇年三月）。

14. 「外國倫看台灣」粉專貼文：https://www.facebook.com/USASEETAIWAN/posts/pfbid0pumkfkLpn9rr3U5kB3JzRtChiBvtemzwAshL6qmXtFaTA5QMNYLqjvkk8qXYkVMrl*（二〇二三年十一月一日）。

為下一輪太平盛世而發電

能源轉型故事

吳錦勳

那真是一個和煦的春日，日本福島縣海邊，一道道浪花飛捲天際，幾名衝浪客玩著乘浪空翻的特技；不少中學正在舉行畢業典禮，女學生含淚吟唱畢業歌〈さくら〉。就在這同一個時間點，兩千多公里外的臺灣，民進黨黨主席蔡英文站在臺大醫院國際會議中心的講臺上，正式宣布參選二〇一二年總統。

那天是二〇一一年三月十一日。幾個小時之後，當電視跑馬燈仍滾動著「蔡英文選總統」的訊息，下午兩點四十五分，日本東北外海發生了芮氏規模九．〇的大地震，海嘯襲擊日本東北沿岸，造成近兩萬人失蹤與死亡。十五公尺高的海嘯沖擊福島核電廠，電力中斷，反應爐無法冷卻、氫氣爆炸、爐心熔毀，輻射外洩。

這一天的震波，衝擊著全世界，德國、比利時、瑞士宣布逐步淘汰核電廠，其他國家重估核能風險，降低核能占比，甚至暫緩興建計畫。同一股震波也來到臺灣。蔡英文才宣布參選，馬上迎來第一個考驗：接下來的總統大選，「能源議題」勢必會成為各黨攻防的焦點。

三一一之後，民進黨政策會將黨部八樓大會議室的桌椅排成一個大圓圈，將智庫中的經濟學者、能源專家——何美玥、吳政忠、方良吉、紀國鐘、呂忠津等人找來，請大家一起想對策，未來臺灣能源發展方向在哪裡？如何轉型？之後在第二屆國是會議，蔡英文宣布她參選總統後的第一項政見：「二〇二五非核家園」。[1]

其實同年競選的馬英九，他的能源政策也不能沒有再生能源的考量。馬英九的政策是核一、二、三不延役，核四在二〇一六年以前商轉，同時發展再生能源，喊出「千架海陸風力機，陽光屋頂百萬座」的口號，預估再生能源在二〇三〇年以前可以占到百分之十六．一的比例。[2]

馬英九當選了。但是核四並未如他所說在二〇一六年以前商轉——二〇一四年四月，核四因為建造過程安全爭議過大，由行政院長江宜樺宣布封存，日後如要啟用，須經公投同意。同年九月，馬英九政府曾經召開全國能源會議。但在他卸任時，離岸風電與光電都還沒有系統地上路。

二〇一六年，蔡英文當選總統。這時距離二〇二五年，兌現「非核家園」的承諾，只剩下九年時間。而很快地，國際上對綠電的要求，也如海嘯般席捲而來。

她的第一個任期，標示著臺灣正在朝向「後核能時代」規劃。而國內的反對聲浪尚未消失。

電力史上最黑暗的一天

蔡英文第一次競選總統失利，但捲土重來為二〇一六總統大選做準備的期間，所有政策都進入更詳細的規劃與估算。後來在經濟部任職，協助綠能推動的鄭亦麟，是林全的學生，被林全網羅進入智庫，參與能源及電力模型的科學評估。

「我印象很深，那時候在智庫討論的時候，總統問林全董事長說，電夠不夠？我們就畫了一張圖表來看電夠不夠，看夏天最關鍵的時刻，備用容量率要多少、備轉容量率[3]要多少，我們的機組各方面能不能通過關鍵時刻。」鄭亦麟說。「那時候是在景氣不好的時候的假設，加上節能的努力等等。我們這樣一路算，算到二〇二五。」

蔡英文選前就盯著幕僚計算，選後也還是在意。施克和記得，選後不到一個禮拜，他在幕僚的慶功宴上接到蔡英文的電話，又是要問「臺電十年電源開發方案」、「電夠不夠用」的問題。施克和把電話交給鄭亦麟，之後就看到鄭亦麟蹲在角落，一邊在餐巾紙上畫圖寫字，一邊說明，講了一個半小時，慶功宴也差不多結束了。施克和笑說，蔡英文還沒上任就已經開始「列管」：「剛選完，每個禮拜，八個未來的政委跟總統，在八樓的會議室開會，然後就『列管』——還沒有執政就『列管』他們！」電力是她重點列管盤點的一環。

即便有這樣的心理準備，蔡英文總統上任之後，電力問題還是來得既凶又猛。當時的臺灣，水力發電占整體再生能源將近一半，而水力容易遇到乾旱、枯水期的影響，光電、風電則完全沒有打下基礎，此外還有電網脆弱、發電機組老舊故障等問題。

二〇一六年五月底，蔡英文上任的第十一天，果然迎來了史上最低的百分之一・六四備轉容量率。執政團隊頭頂一片烏黑，焦灼的心情，如同燈號[4]一樣毫無希望。當時核電的機組故障的故障、維修的維修、前朝政府投資的火力發電新機組延宕、臺電照往年排定「歲修」，那一年夏季高溫又提前到來……所有不利因素統統來湊熱鬧。當時許多人歸咎蔡英文的「非核家園」政策造成停電，其實根本還沒進入「非核家園」階段。

當時核一廠正處於停機狀態中，而且已持續停了十七個月。原因是當核一廠在二〇一四年十二月停機進行例行的大修時，發現燃料組件把手鬆脫。經修理、排除障礙之後，準備重啟。按當時的程序，需先到立法院教育及文化委員會報告，獲得同意，方能重啟，重啟報告卻一直遲遲無法排入會期。

到了二〇一六年這屆國會，民進黨占有多數席次，綠營立委秉持多年「反核」的立場，第一個反應也是不讓它重啟。林全在困境中接下行政院院長一職，面對全臺隨時有跳電、停電的可能，他在行政院成立一個能源辦公室，由吳政忠、張景森等政委負責，吳政忠是科學家，負責主持新能源發展。但是能源轉型期還會有協調傳統能源過渡的問題、發展新能源的土地取得問題等等，這些就由張景森補位。

張景森形容，當時的窘迫，只能先求供電穩定，眼前核電廠還能用的機組，就繼續用，還要祈禱它能夠正常運轉。他去找林全商量，趕快重啟核一，「其實，我是冒著生命危險去講的，拜託一定要讓核電機組恢復運轉。」他指了指自己的光頭，開玩笑說，就是為了示範「節能減碳」，他一直理光頭到現在。

經張景森居中協調，臺電也強調核一安全跟技術都沒問題，林全準備重啟核一。消息一出，環保團體表示要控告民進黨政府「公共危險罪」，

二〇一七年四月十四日，蔡英文總統出席「前瞻建設　風光大縣　彰化縣綠能發展暨建設計畫」活動。

自家立委邱議瑩說：「身為民進黨員，我都覺得丟臉。」

但是張景森說：「這個非核家園不是今天，它是一個轉型。既然轉型，是需要一個過程，目標是不會變的，可是我們要有策略，你要一步一步，每一步都要跨過去你才有，沒有跨過去就不行。」核一幫臺灣度過那段缺電危機時期，現已於二〇一九年除役。

脆弱的電網，把電力帳算清楚

但問題還不止於此，輸配電的電網也極其脆弱。二〇一七年七月底，尼莎颱風吹倒了蘇澳深山迎風面七十二號電塔，其他連動的電塔也都攔腰折斷，滿目瘡痍，全臺近五十五萬戶大停電。臺電接連派出五十多名工人，爬著三十度陡坡，開闢搶修便道，運送機具器材到山頂。一片光禿禿的山頭，一座座殘破斷線的高空電塔，工人像小螞蟻在斷裂銳利的鋼架間上上下下攀爬搶修。日頭赤焱焱，臺電技工從塔構組立、拉線、牽纜……連日工作下來，組長說，「鼻子都晒脫皮了」「日頭就好像鞭子在打一樣」。連父親節那天，他們都在電塔上度過。

厄運還沒完，不到半個月又發生了「八一五全臺大停電」，這是繼九二一大地震以來最嚴重的停電事件。原因是中油人員操作失誤，不小心將氣閥關閉，天然氣僅僅斷供二分鐘，就叫全臺備轉容量百分之十的大潭電廠六部機組全部跳脫，全臺十七縣市近六百七十萬用戶停電。

那天經濟部長李世光到大潭電廠視察。他才剛離開，回臺北路上，電廠就出事了。事發太過巧合，以至於還有人懷疑是不是被惡搞。總之，這次李世光與中油董事長陳金德都請辭下臺。

蔡政府剛執政那兩年夏天，缺電的威脅如影隨形。當時的行政院祕書長陳美伶請公務員帶頭節能，要求公家機關把空調溫度設定在二十八度。幕僚們一早進總統府，就先打開臺電網頁，檢查當天備轉容量率的預估值，然後緊盯著「目前用電量」的曲線變化和「今日最大供電能力」之間的距離，一直到下午兩點，度過用電尖峰為止。

雖說是長期管理漏洞、硬體失修造成，但在蔡政府執政的前兩年，臺電相關的事故一波未平，一波又起，有反核人士懷疑：「臺電是不是在惡搞我們？就為了想讓我們認定，沒有核電有多痛苦？」雙方信任的基礎，就跟電網一樣脆弱。

經濟部長李世光辭職後，次長沈榮津匆匆上任代理部長。總統要求他在一週內完成電力清點。沈榮津放下其他業務，找能源局吳志偉組長逐一盤點。幕僚經常看到他神情嚴肅地，帶一疊資料向總統報告。經濟部詳細盤點每年退休與上線機組的裝置容量大小，以確保備用容量率大於百分之十。他常用的表格中，有一張被稱為「積木圖」的電力帳（電力供需堆疊圖），中間有一條依年份劃分的水平軸線，線以上代表除役，線以下表示新增，再以各種顏色分別代表燃氣、燃煤、燃油、儲能以及再生能源，像彩色樂高積木般堆疊，用來檢視是不是新增電力大於除役的量？底部基礎是不是比上層更堅實？跌幅有沒有跌到需求那條線以下？總統看得很仔細，常常要問：「電力夠不夠？」「為什麼數字跟上次不一樣？」

另一方面，臺電也在經歷轉型。張景森發現，臺電本身有很強烈的技術人員傾向，他便用技術的語言與他們溝通。環保人士懷疑臺電藏電，張景森就請臺電做到資訊透明，「開放臺電」，環團要的任何資料都不加保留地提供。《電業法》[5]修法對臺電採取漸進式改革，將發電、輸送、販售三大塊分別處理，一方面允諾臺電六到九年的期限緩步轉型，一方面開啟電業自由化競爭。臺電轉型成大型「電業集團」，下轄多個子公司，同時允許民間的競爭者進入，重點在為綠能支撐出一個空間。

張景森對臺電說：「這不是搶生意，你們現在很討厭綠電，我敢保證過幾年，你們臺電自己搶著做綠電。」漸漸地，臺電內部發生了轉變。果然現在臺電也在做風電，二〇二三年八月臺電斥資六·八億元，興建臺電離岸風力發電運維中心。甚至臺電內部也有反對核四的聲音，兩年前「重啟核四」公投電視辯論，「反方」代表是臺電核能發電處處長許永輝，他論證清晰，力道強勁，與正方代表黃士修交鋒。

經過這樣的盤點與磨合，臺灣電力的透明度越來越高，有多少電，漸漸能被清楚掌握。而臺電也開始意識到，必須將過去集中化發展起來的電網及電廠，轉型改為分散式。一來可以強化電網韌性，預防各種從人為到自然的意外，特別是極端氣候下的災難事故；二來分散式的電網，更加適合再生能源占比提高的發電方式，也是時代的需要。二〇二二年，臺電提出「強化電網韌性建設計畫」，著手改造自身的電網。張景森口中「技術人員傾向」的臺電，開始更加發揮這個特質，成為能源轉型路上的助力了。

跨越門檻，從無到有的打底期

初期的混亂，使得蔡政府上上下下感受到，二〇一二年沒有選上最大的遺憾，就是綠能轉型晚了四年才開始。林全內閣完成了《電業法》修法，有兩個重要面向：一、推動綠電自由化；二、推動電業改革及能源轉型。

發展綠電，不只是為了理念上的反核，而是有許多實際的好處。張景森表示，臺灣每年能源支出高達二兆元，幾乎都向國外購買，能源自給率不足百分之三，若能有四分之一能源自給自足，便可創造每年約有五千億元的能源內需市場。龔明鑫從國家發展的角度看，綠能產業不但是臺灣永續發展所需，更能帶來新的動能。而當全球進入ESG和淨零時代，各大企業都要求採購綠電時，更是如沈榮津說的：「No ESG, No Money!」

但是真正要開始做，卻不容易。

行政院成立電力系統總體檢小組，由中山大學電機系盧展南教授擔任召集人。從智庫時期便參與能源規劃的鄭亦麟，也加入團隊擔任副召集人，他回憶：「前面一年多的時間，我們花很多時間在了解這個系統。那時候電力很多建設都得重新再做盤點。」

「然後重要的是像綠能，前面一年多，真的都在打底。很難想像，那時候我們做離岸風電，在院裡面開第一次會，臺電告訴你沒有辦法，我們沒有電網可以併聯，港務公司跟你說，我們沒有碼頭可以給離岸風電，就什麼都沒有。

前面一年多推太陽光電，因為光電牽涉到的部門很多、關聯很複雜，各部會都推工作。我記得林全院長開完第一場會就說，他知道為什麼馬政府不推綠能了，因為太複雜了。」

從無到有最難。公務員第一次遇到新事物，也不知道怎麼處理。幕僚們說：一開始光電業者到處詢問無門，每個單位都說不是它主管的業務，所以後來經濟部有太陽光電單一窗口。風電比較多外商，都要做環評，一個環評也是跨七、八個部會，後來也是由行政院做跨部會的協調，定期跟總統與行政院長回報進度。二〇一六到二〇一七年，幾乎都在做這些打底的工作。

而且發展新能源，不是政府宣示就可以，必須讓民間業者有信心，願意投入。龔明鑫回憶，二〇一六年時，他曾經在一個場合遇到世紀鋼的賴文祥董事長。賴董事長問他，政府是玩真的還是玩假的？龔明鑫回答說：「這個是無悔的政策，是一定會做。」世紀鋼在二〇一七年成立世紀鋼離岸風電，不但完成自身的轉型，也成為臺灣離岸風電的帶頭企業之一。

同樣地，對於來到臺灣的風電外商，沈榮津表示：「外商一定水土不服，一定困難很多，但是政府不會放他鴿子，會跟他一起面對問題、解決問題。」

這當中有許多是必須政府率先投入的。例如必須有前瞻基礎建設，將港口的基礎建設做好，才能為離岸風電開路。沈榮津擔任行政院副院長時，協調交通部、港公司，協調港口疏浚，負重問題，運輸問題、生產基地、貨線空間……「因為這些大的風機一百多公尺，要合適的港口才能做，我們那時候就是叫交通部、經濟部，全都有專案小組去檢視，我們都準備好，有突發的問題，我們劍及履及幫他解決。」

疫情期間，風電的船員與海上工程師有許多外籍人員。臺灣防疫很嚴格，外籍人士搭飛機來臺、到海上作業、回到陸地換班休息，如果每次都要隔離十四天，會產生很高的額外成本，但風電還是要繼續做，外商難以適應，怨聲載道。經濟部向防疫指揮中心提出「防疫泡泡」的規則，既不犧牲防疫，也不延遲風電發展時間。他們規劃出一個閉鎖的路徑，讓風電外籍從業人員從機場、到陸地和海上，自成一個封閉的環境。為此他們包下了一座度假村，作為風電人員上岸休息時的生活環境，在裡面可以自由活動。

新能源從無到有，並不是說有就有。從法規到基礎建設，到規劃，到輔助廠商，甚至到遇到疫情的應變，都要到位。需要有無數跨部會、中央地方的協調整合，才能實現。真心要做的人，不會只喊口號，會去跨越這些困難的門檻。

經過從無到有的打底期，臺灣的新能源終於跨過門檻，啟程上路了。

光電齊發，新能源上路

光電：太陽越大電越多

位於雲林的新興光電廠，是目前臺灣容量最大的「光電島」，韋能能源讓這塊閒置二十多年、雜草叢生的荒地，改頭換面成鋪滿六十八萬片光電板，年發電可達四億度的電廠，每年可提供九萬用戶家庭用電。新興電廠面積等同於三百〇六座足球場大，為全臺單一案場最高發電量。一位工人說：「這個地方因我們而起，我們要把案場做到最好，像是自己的小孩，會想要去守護它。」

這兩年太陽光電發展起來，太陽越熾烈，電就發越多，備轉容量率保持在百分之十，甚至中午發的電透過儲電可以留到傍晚第二波用電高峰時使用。

二〇二五年臺灣太陽光電裝置容量的目標是二十GW，目前已完成建置一一．五GW，二〇二二年更加速，在單一年度中完成二．五二GW的推動量。未來仍必須努力解決用地取得、升壓站、饋線

桃園千塘之鄉「埤塘光電綠能計畫」示範點。

等需求，希望透過中央與地方聯合會審加快審查速度，也期望太陽光電未來發展上結合儲電站的設計，實現「光儲合一」的目標。

在這個過程中，也促進了產業的發展。沈榮津從經濟部的角度觀察：「太陽光電，矽晶片、太陽能電池、光電模組、系統零組件到系統，整個產業都建立起來，產業鏈也拉起來。」

沈榮津在經濟部任職四十年，參與過多次臺灣產業轉型。他認為這次的綠能轉型，意義重大：「這跟我們以前的代工思維差很多，以前我們代工是幫人家做，實現人家的願景。那我們現在這個自己的產業鏈，就是做自己的，也實現自己國家的願景。我覺得這種落地生根的價值感，差很多。」

風電：風從哪裡來，電就從哪來！

二〇一七年四月，上緯新能源成立的海洋風力發電公司，率先在苗栗龍鳳港外海，完成兩座示範離岸風力發電機組，並成功商轉八MW。隔年五月，張景森與媒體一起搭海巡署快艇出海，當有人暈船吐得亂七八糟的時候，張景森指著廣闊的海面表示：「未來海上將會有一千一百支風機。」

這是當時技術能力的預估，按照國際研究單位4C Offshore所公布的報告，全球二十大風場，臺灣就占十六個最佳風場。實際運轉發電之後，臺灣海峽的風力資源，遠比人們想的還更多。轉速超出預估，風電業者回收快，價格好。同時隨著技術進展，風機大型化，效能更加提升，未必需要千支即能達標。

馬英九雖然有二〇三〇再生能源達百分之十六的政策承諾，且曾喊出「千架海陸風機」，但是在他的任期內，風電僅有啟動示範性計畫，在苗栗的兩支示範風機也尚未完成。

蔡英文上任後，發展離岸風電，經過前幾年的打底，現在有超過二百七十五座風機。二〇二三年入秋後，東北季風一發威，風力發電就創下歷史新高，是去年同期的兩倍，而且日夜均穩定輸出，已相當於一．五部臺中電廠的火力機組。光電加風電的裝置容量達到十三．九ＧＷ，是二〇一六年的七倍。十月初，太陽及風力的瞬間發電量合計有八ＧＷ，也創下歷史新高。

原本環保團體擔憂的生態衝擊，各個國家風機做完之後，因為水下結構的設計，形同人工魚礁，反而變成魚類聚集的魚場，甚至歐洲有些國家在風機水下經營箱網養殖。

唯臺灣海峽的特殊情況，近海的水下基礎設施，施工期間要鑽探、打樁等，低頻的噪音可能會擾亂白海豚聽覺聲納覓食系統。國際廠商採用了氣泡帷幕來降低噪音，環評規定日落後不得施工，並且安排隸屬於獨立單位的專業鯨豚觀察員（Marine mammal observer，MMO），當有鯨豚進入警戒範圍時便停止施工，盡可能將對白海豚等海中物種的衝擊降到最低。

龔明鑫強調：「離岸風電就是無悔的選擇。無悔，就是不得不做，一定要做的事情。」採訪前一天，他才剛去苗栗風睿能源集團（Synera Renewable Energy Group）外海風場視察，風睿除了在臺灣擁有的這個案場之外，還輸出技術到其他國家，日本、韓國皆派員來見習。臺灣的風電發展，已躋身亞太先進綠能國家之列。

離岸風電先期推出的躉購制度，以較優惠之價格讓外國開發商願意帶錢與技術來投資臺灣，扶植國內產業；之後，再用競價制度，降低政府購電成本。

曾一度有輿論批評政府為何不直接採競標，浪費公帑約九千億元，沈榮津點破，歐洲躉購電價執行十七年後才改為競價，然而，臺灣躉購電價不過七年之後就進入競價，等於幫全民節省四千億元，「你沒有第一杯全價，哪來第二杯半價。」

二〇二三年八月，知名的哥本哈根基礎建設基金（Copenhagen Infrastructure Partners，CIP）已經和政府簽了新約，預計第三期的風場開發，沈榮津說：「指標性的簽了，後面就跟進了。」

經濟部指出，二〇二五年離岸風電將達五．七GW，預計將帶來上兆元投資；國產化的部分，相關製造業加上二十年運

蔡英文上任後，發展離岸風電，經過前幾年的打底，現在有超過二百七十五座風機。

轉維修，估將帶來一．二兆元產值；再加上透過與國際廠商策略聯盟，在水下基礎、風機系統、海事船舶、電力設施等逐步建立本土供應鏈，有助產業升級、經濟發展，預計二〇二五年將帶動兩萬個就業機會。

……三接的爭議

天然氣：「以氣養綠」

蔡政府的能源轉型規劃，濃縮成八個字：增氣、減煤、非核、展綠。為了讓綠電可以發展起來，過渡時期使用天然氣，減少對煤的依賴，撐開一個空間給綠電產業。

在蔡英文當選以前，臺電原本就已經在十年計畫中，規劃有深澳、高原兩座電廠，都是燃煤發電廠。二〇一五年的發電比例，燃煤占百分之四十五．三九，燃氣占百分之三十．六一。在蔡英文提出二〇二五非核家園後，環保團體進一步爭取，不僅要非核，也要降低燃煤發電比例。最後蔡陣營把二〇二五年的目標訂為：燃氣百分之五十，燃煤百分之三十，綠能百分之二十。

同樣也是早在蔡英文提出她的能源轉型政策前，中油就已經規劃在桃園觀塘興建「第三液化天然氣接收站」（三接）的方案。因為原本的天然氣接收站，只在臺中、高雄各有一個。北部也需要有一座接收站，才能避免南電北送的不公和風險。二〇一五年，馬政府時期的行政院核定通過設置三接。蔡英文政府延續這個規劃，卻在環評之後引起極大的爭議。

反對三接的聲音，大部分是為了保護藻礁。但也有不少人，是以此間接在反對民進黨的非核主張。旗幟鮮明的非核，在反對者眼中，就像鬥牛眼中的一塊飛舞的紅布，使得蔡政府的任何能源規劃，在反對者眼中看來都是「非核」惹的禍，必須反對到底。幕僚表示，蔡英文政府的確被加了很多限制，是馬政府時代所沒有的。

在執政初期為了找出解方，張景森曾經專程夜宿大潭電廠宿舍，次日清晨出發，穿著夾腳拖走入海水，走到馬政府時期已經施工的基地上去進行考察。

實地印證後，他提出用工程方法將接收站外推，縮小對藻礁的影響範圍，研究後發現可行。後來在公投辯論中，經過與環團協商，經濟部又推出再外推的方案，更縮小影響，開發範圍從馬政府時期的二百三十二公頃，縮小到二十三公頃。經濟部次長曾文生親上媒體說明，拿出現場照片佐證，說明實際影響範圍。環保團體雖然仍有意見分歧，但這個「再外推方案」終究獲得了地球公民基金會等團體的支持。

經過紛紛擾擾的爭議，「三接」被訴諸公投。二〇二一年，四大公投案中的「三接遷離」、「重啟核四」兩案，攸關臺灣的能源轉型政策能否走下去。蔡英文對非常憂慮，發布多支影片，向民眾解說政策。投票前，地球公民基金會投書《報導者》，理性說明利弊影響，建議選民對「三接遷離」公投案投下「不同意」票。

投票前一晚，蔡英文除了再次說明政府的三接「再外推方案」，也對「重啟核四案」發出喊話：「或許你認為核電是一個能源選項，我尊重你的看法，但我也請你聽聽，我想告訴你的話：核四絕對不是選項。重啟核四，更不是我們走在能源轉型，走向未來安全、潔淨、可靠、合乎成本效益的供電選項。」她說：核四除了座落在地震帶上的危險，還有機組老舊、供應商不復存在、重啟將耗費鉅資以及十年以上時間、核廢料儲存等問題：「技術每天都在進步，我們應該投資未來，而不是回到過去。」

公投的結果，「三接遷離」與「重啟核四」都沒有通過。蔡英文的能源轉型政策得以繼續走下去。

天然氣成為臺灣能源轉型期的重要支柱。蔡英文任內所核定的天然氣電廠，發電容量共一千六百八十六萬瓩。臺中電廠也正規劃將全部燃煤機組更換成燃氣，第一期已經施工，第二期的規劃裝置容量約五百五十萬瓩，已經提送環境部進行環評。蔡英文任內核定的電廠，許多都是在她任內完成不了，不會是她的政績，是為臺灣下一步發展準備的。

總統的淨零決心

二〇二一年四月二十二日「世界地球日」前一天，蔡英文在閱讀幕僚為她準備的講稿時，發現裡面少了她想要的內容。

淨零轉型已經是許多國家的宣示。她認為，臺灣也應該以「二〇五〇淨零排放」[6]為目標。然而各政府部門對於這個目標，卻感到非常困難。臺灣是製造業大國，除非做出非常大的改變，窮盡一切技術、窮盡產業模式的升級，否則不可能達成，甚至農業也會是其中重要一環。官員與幕僚都沒有把握，最後沒有把「二〇五〇淨零排放」放進講稿裡。

龔明鑫說，他在地球日一早接到總統的電話，就問他一個問題：「你告訴我，到底是誰不准我講的？」蔡英文堅持在演講中宣告，臺灣要朝向「二〇五〇淨零排放」積極部署。

總統做出政策宣示，而且開始要求研擬路徑，國家就開始朝向目標動起來了。國發會經過將近一年的研議，在二〇二二年三月底正式公布「臺灣

二〇二三年十一月六日，蔡英文總統出席「淨零學院」開幕揭牌典禮。

二〇五〇淨零排放路徑及策略總說明」，訂出「十二項關鍵戰略」。

事後回顧，幸好蔡英文在二〇二一年立下了這個目標，推著部會和產業前進。被逼上路的人，一開始雖然很痛苦，但終究還是發現，幸好啟程出發了。因為，很快地，全球的減碳潮流就迅速湧至。歐盟即將在二〇二六年實施「碳邊境調整機制」（Carbon Border Adjustment Mechanism，CBAM），對進口商品扣徵排碳差異稅。美國拜登政府對減碳的要求也在提高，實施《清潔競爭法案》（*Clean Competition Act*）。減碳成為貿易的基本門票。若非有二〇二一年的宣告，兩年來的準備，政府和產業很可能會措手不及，而被迅猛的減碳潮浪淹沒。

今年八月，「臺灣碳權交易所」正式成立。這是臺灣在應對氣候變遷挑戰中的重要一步，也是臺灣與全球淨零目標接軌的關鍵一環。臺灣走入全世界淨零的隊伍中，成為前段班的國家，是目前全球宣布推動「二〇五〇淨零排放」的一百三十個國家之一。

如今，全球大企業微軟、Meta、Apple、Google，還有臺灣的台積電、宏碁等大廠，都參與了「RE100」[7]，皆承諾要使用百分之百再生能源。這些國際的大廠在臺灣，不管是投資、設立研發中心，將期待臺灣可以百分之百滿足他們綠電供應的需求。例如，Google宣布在亞洲第一個購買的綠電，就是在臺灣，它在臺南認購了十MW的綠電。

蔡英文的能源政策，從她就職以來就一路被挑戰。但是也正是她的超前部署，為臺灣保有了參與世界貿易的門票。

下一輪太平盛世的電力

從《十年政綱》開始到現在，蔡英文的許多政策都是面向未來而規劃，能源又是其中之最。因為能源的規劃，從本質上就是必須基於未來而考慮：未來的生活方式，未來的產業需求，未來的地球環境，未來的世界趨勢。

而在臺灣，能源又是朝野攻防的重點。等於是必須在今天的反對中，思考著未來的事；端看是不是能挺過現在的批評，打開未來的路。因為這樣，在執政的種種挑戰中，能源這一題也特別顯露了蔡英文的某些特質。

和她在社會安全、社會住宅等課題上的超前部署相仿，在能源上，她也是朝向未來而規劃。她開始問，該為二〇二五之後的臺灣做什麼。繼光電、風電之後，「儲能」也是要發展的重點。王美花部長出國訪問時，還接到聯繫，蔡英文請她回國時要準備二〇三五的能源計畫。二〇三五年當然已經不是蔡英文的任期，但是她的思考方式是這樣：為了要有未來，許多事情得從現在開始做。

才不過是七年前，臺灣還是個電網脆弱，隨時有缺電危機的國家。不但如此，近年經濟成長，臺商回流、外商投資，各種建廠與產能擴充之下，臺灣也沒有缺電。

過去綠電的批評者，批評蔡政府的能源政策不可能實現，現在批評做得不夠快。沈榮津笑笑說：「綠電政策過去喊半天，大家不重視，等到ESG和淨零時代來臨，大家才開始重視，還好政府有提前準備。」

他指出，如果當初不是蔡英文政府堅持下去，如今就沒有綠電可供產業採購，臺灣廠商無異於在國際供應鏈被迫出局。綠能不僅涉及產業的升級跟國際化，在微妙的地緣政治氛圍中，更有了戰略的高度。

二〇二一年，沈榮津從經濟部部長卸任，轉任臺灣金控董事長、總統府資政，他肩膀寬大、雙手厚實，身上散發一種「做事人」的氣質，他喜歡被稱作「臺灣最強歐吉桑」，這是一種榮耀。他從工業局科員做起，奮鬥近四十年，在這個關鍵的年代擔任了經濟部長。採訪時，他國臺語流暢切換，解釋政策親切自然，同時又帶著技術官僚的驕傲感。他拿出總統府資政的名片，上面有著燙金的總統府字樣和梅花標誌，「總統有需要，一通電話打來，我就幫她解決」。

鄭亦麟加入幕僚團隊時才二十出頭，將近十年後的現在他仍是幕僚團隊中相對年輕的一員，他走進會議室時，王法權笑著介紹這位年輕後輩說：「這是我們能源小神童。」鄭亦麟回憶，當初在由林全主持的智庫裡，他每天在施克和的帶領下，與龔明鑫、吳政忠、張景森等人，以非常科學、實事求是的方式規劃能源政策：「那個時候就讓我對政治有點誤解——是好的誤解，覺得政治好棒！」

結果執政之後發現，真的是個美好的誤會。「執政很困難。」鄭亦麟說，要面對很多攻擊，有很多事要救火，「你真正專心做事的時間非常少」。經驗比他豐富得多的李拓梓笑著說：「政治是像我們這樣，每天都在車輪底下戰鬥，水裡來火裡去。你看像曾文生，每天要解決多少問題。」經濟部次長曾文生從二〇二二年起兼任臺電董事長，除了解決電力發展上必須跨越的各種門檻，還經常要面對洶湧的質疑，一次又一次對外說明。

蔡英文是個理性的政策控，也熱愛討論政策，她在四大公投時，像老師一樣給選民講道理。能夠理性論事的時候是幸福的，但是政治卻常要面對非理性。於是，在蔡英文的綠能故事裡，似乎有著這樣一個隱藏的旋律：政治能不能理性？覺得「政治好棒」，能不能不只是個美麗的誤會？從零開始很困難，但是就事論事，一步步去做，能不能有結果？不求短視近利，規劃長遠的路徑，能不能得到肯定？

八年來到尾聲了，蔡政府推動再生能源轉型，在種種逆境中，慢慢長出實績，二〇二二年臺灣綠能發電量達二百三十八億度，占總發電量百分之八·

二八，正式超過核能百分之八．二四。二〇二三年一到八月，綠能發電比例來到百分之八．五九，核能則降至百分之六．四八，進一步拉開差距。這個超車，具有劃時代的意義。預計二〇二三年底前，綠能占比可以突破百分之十。這一路走得雖不容易，但一步一個腳印。現在政府更透過行政簡化措施、檢討躉購費率、法規專章等措施，預估二〇三〇年太陽光電將達三十一GW、離岸風電將達十三．一GW。

年輕時曾經參與反核靜坐的鄭麗君說：「蔡英文的能源轉型是非常重要的亞洲的故事，如果我們真的轉型成功了，臺灣便成為亞洲第一非核跟綠能的領先國。」

起風了，光來了，電也來了。這是一個把目光投向長遠，承擔住壓力詆毀，為下一輪太平盛世發電的故事。

1. 民進黨：〈「打造臺灣綠色新政——二〇二五非核家園」蔡英文主席出席第二屆民間國是論壇致詞稿〉https://www.dpp.org.tw/media/contents/3975（二〇一一年六月二十六日）。

2. 環境資訊中心：〈馬總統公布能源政策：核一二三不延役　核四二〇一六前商轉〉https://e-info.org.tw/node/71380（二〇一一年十一月三日）。

3. 「備轉容量率」即供電可靠度指標，計算方式：以當天實際發電量（扣除維修、故障機組及環保限制機組），再減去瞬時尖峰負載後，再除以瞬時尖峰負載計算出來的百分比率，備轉容量率越高，電網穩定度越高，可以即時備援。

4. 「每日備轉容量率」是以燈號呈現，如備轉容量率大於百分之十為「供電充裕」的綠燈；百分之十至百分之六為「供電吃緊」的黃燈；百分之六以下為「供電警戒」的橘燈；備轉容量九十萬瓩以下為「限電警戒」的紅燈；備轉容量五十萬瓩以下為「限電準備」的黑燈。

5. 《電業法》分兩階段修法，第一階段先推動綠電自由化及電網公共化，後續待相關運作及機制成熟後，再啟動第二次修法，期藉由循序漸進推動電業改革及能源轉型，逐步完成電業自由化，落實推動綠色產業發展。

6. 聯合國氣候變化綱要公約第二十六次締約方大會（UNFCCC COP26）亦呼籲各締約方應採取更為急迫之氣候行動，將全球溫室氣體排放量在二〇三〇年前減半，並在二〇五〇年達到淨零，方可將全球溫升控制在攝氏一．五度以內，以因應全球氣候緊急之高風險衝擊。

7. RE100 是由氣候組織（The Climate Group）與碳揭露計畫（Carbon Disclosure Project，CDP）所主導的全球再生能源倡議，匯聚全球最具影響力企業，以電力需求端的角度，共同努力提升使用綠電的友善環境；加入企業必須公開承諾在二〇二〇至五〇年間達成百分之百使用綠電的時程，並逐年提報使用進度。目前已有超過四百家企業成員，臺灣總部會員已逾三十家。加總 RE100 會員全球綠電總需求，已超過一個 G7 國家的用電量（如英國）。

共同撐起一把傘

國家認同故事

——吳錦勳

二〇一五年六月，蔡英文登上《時代》週刊國際版封面人物，標題寫著「她很可能會領導華人世界唯一民主，而這讓北京坐立難安」（*She could lead the only Chinese democracy And that makes Beijing nervous*）。

二〇二〇年十月，蔡英文再一次登上《時代》的封面。這回，在她的名字上方寫著「臺灣的總統」（*PRESIDENT OF TAIWAN*）。這期是《時代》的二〇二〇年百大影響力人物專號，蔡英文被選為百大人物之一，而且是那一期的封面人物[1]。

其實這期封面有一些曲折的經過。蔡英文在二〇一九年的下半年接受了《時代》的專訪。總統府幕僚覺得這是一次很成功的國際傳播，滿心期待，卻久等不到出刊。後來得知，採訪團隊也覺得是一篇精彩報導，想壓在隔年一月臺灣大選前上封面故事。但是到了預定刊出的那週，正巧發生了伊朗最高將領蘇雷曼尼（Qasem Soleimani）遭美軍擊殺，中東緊張局勢升到最高點，《時代》臨時變更計畫。蔡英文的專訪後來出現在內文，不在封面。

接著《時代》團隊又告訴總統府幕僚，不久後他們就要做「百大人物」專題，臺灣有蔡英文、祁家威兩人入選。《時代》會邀請美國參議員泰德・克魯茲（Ted Cruz）寫蔡英文的推薦文，希望請蔡英文推薦臺灣的同婚推手祁家威。府方自然同意，由幕僚代總統執筆。文章交出後，COVID-19爆發了，《時代》又變更計畫，「百大人物」專題石沉大海。

不久府方又再度接到聯繫，因為臺灣的防疫表現，《時代》又來邀請蔡英文撰文，向世界分享經驗，臺灣被寫進二〇二〇年四月的COVID-19專題報導裡，蔡英文的名字也出現該期雜誌封面上。時隔半年之後《時代》說，我們的「百大人物」專題終於要出了。這時幕僚心想，有結果就好。

結果《時代》全球百大人物專號出刊，蔡英文是封面人物。

封面上那張蔡英文穿著米白色套裝，看向左前方的照片，其實是一年多前，蔡英文還在競選連任時，《時代》團隊來臺專訪拍攝的。一年之後，經過中間這些過程，臺灣與世界都發生了很多事，蔡英文從中脫穎而出，成為焦點，這張照片終究還是成了封面照。幕僚說：「那時候我們都嚇一跳。」

引起《時代》與國際關注的同婚、蔡英文連任、臺灣在疫情中的應變，一件接著一件，兩年內令世界持續看見臺灣。第一件被別的新聞蓋過了，但是還有第二件、第三件，「臺灣」在國際上喚起的正面印象不斷積累，這個名字的內涵，變得豐富了。

玫瑰的名字

臺灣因為歷史的因素，有著複雜的認同問題。「臺灣」與「中華民國」這兩個名字意味著什麼，不同人有不同的認知。當從外媒看到的臺灣，存在感比以往更強烈，意涵也比過去更豐富。從臺灣看到的臺灣呢？

或許可以從十多年前、幾乎被遺忘的一件事情談起。那一天是二〇〇九年三月七日雷震逝世三十週年追思會。清早深坑山區大雨滂沱，蔡英文與幾位公民記者，吃力地走著五百公尺陡峭山路，再爬上階梯，才抵達自由墓園。

群山霧濛，雨水狂暴。當時蔡英文剛接黨主席，很多人都不看好她，認為她只是個「臨時被叫來顧攤的」，雨這麼大，她的鞋襪必定全浸溼了。典禮開始，蔡英文的身邊站著馬英九，馬英九的身後站著高大的隨扈，弓身為他撐住巨傘，水沫分毫不沾襟帶。

蔡英文孤身一人，左手勉強撐起一把小傘，頭頂的空間早被四方擠兌，輪到她獻花時，她竟一時騰不出雙手接住花束，僵在那裡，所幸後方有人解圍，她才得以捧花鞠躬，向雷震致敬。

馬英九致詞時，除感念雷震對臺灣民主、自由、人權與法治所付出的貢獻，也強調簽署「人權公約」的法令問題，典禮後，馬英九、蔡英文兩人幾無互動，一前一後，錯身離去。

臨走前，蔡英文被記者圍住，她站在雨裡受訪，雨聲都快要蓋掉她的聲音，蔡英文說：「本土不應該是排他性的觀念，民進黨本土觀念太過狹隘，欠缺臺灣作為一個移民社會最需要的包容，所以我們必須把本土重新建構為包容性的觀念，並與我們的主權觀念相連結。」下午，她出席雷震研討會，類似的話，她又重複一遍。

這時的蔡英文，接任黨主席不滿一年，民進黨遭遇前一年大選的空前挫敗，亟需重新站穩腳步，檢討接下來的路線。她出席雷震追思會，與她所說的這番話，似乎都在埋下一個座標：臺灣用來辨識自己的，應該是民主，而非省籍。

無可否認，臺灣就是一個複雜的島嶼，有不只一種的歷史記憶，也有不只一種國家想像。這個島嶼，有不只一個名字。

蔡英文對這點應該是熟知，而且重視的。在她許多的重要演講中，可以看到她措辭的口吻、想像的聽眾，是一群「跨」歷史記憶的人。二〇一四年，她去參加雙十國慶，發了一篇臉書文〈民主是我們共同的顏色〉，提出她對「國家生日慶典」的定義：

「今天，是我們國家的生日慶典。要為這個國家過生日，我們該慶祝的是什麼呢？我想，是民主。是民主把我們團結在一起，是民主容納了我們的多元，也是民主教我們尊重彼此的差異，傾聽彼此的聲音。因為有民主，我們共同成為這個國家的主人，這才是今天這個日子，最應該慶祝的事……因為有民主，

二〇一九年二月二十日，蔡英文總統針對「兩岸和平協議」議題，在總統府發表「迴廊談話」，強調臺灣的未來由我們自己決定。

我們才能對這片土地、為這個國家感到驕傲。因為民主是我們共同的顏色。」

在這篇臉書文的中段，作為反對黨主席，她批評了國民黨的執政。但她雖批評了當時的執政者，卻不拒絕出席國慶，把國家與執政者分開，她與人民一起是國家的主人，「民主」是共同的顏色，是所有人的最大公約數。

尋找最大公約數

劉建忻說：「小英這八年來，最積極要做的事情，就是把臺灣重新定義出一個最大公約數。」

在二〇一九年的國慶演說中，蔡英文召喚了七十年的歷史記憶。這一年是一九四九年中華民國政府遷臺七十年。對於那一年的歷史事件，不同族群可能有不同的歷史記憶。但是蔡英文想要喚起的，不是不同，而是相同。

她歷數七十年來，臺灣這塊土地上的人們共同經歷過的危機：八二三砲戰、退出聯合國、臺美斷交、石油危機、臺海危機、亞洲金融風暴、八七水災、九二一地震、SARS風暴、八八風災……「我們共同走過這一段路，無論是哪個黨派，只要是生活在這塊土地上的人民，都不能分割彼此。」

她說：「中華民國不是誰的專利，臺灣也不是誰可以獨占。『中華民國臺灣』六個字，絕對不是藍色、也不會是綠色，這就是整個社會最大的共識。」

蔡英文說這番話的當下，是年初習近平在民進黨敗選、氣勢低迷的時機，發表了「《告臺灣同胞書四十週年紀念談話》」，重申一國兩制。習近平的談話一發表，蔡英文立即召集國安團隊開會，在當天下午發表談話回應，表示臺灣大多數民意堅決反對一國兩制，這是「臺灣共識」，中國必須正視臺灣存在的事實，必須以和平對等的方式處理雙方的歧異，坐下來談。年中，施行一國兩制的香港，局勢急速惡化，一度有兩百萬示威者走上街頭，一幅中環被無數人占滿的空照圖廣為流傳；而後香港警察暴力升級，催淚瓦斯開始蔓延在香港街頭，年輕人戴著防毒面具繼續抗爭。那一年香港登上了全球各大媒體，一度《時代》將「香港的抗爭者們」列為年度人物的熱門候選。這些正是蔡英文二〇一九年國慶演說的時空背景。

劉建忻說，總統的重要演講需要非常審慎。她有四個聽眾，就是：國際社會、中國、國內支持者跟全體國人。她必須對國際社會展現穩健，可預測性，不會忽然脫韁演出，激怒某一方，或讓人懷疑她的決心。中國雖然不會滿意，但她還是必須展現善意，但同時也要拉出底線，表明臺灣作為民主國家的價值與立場。對支持者，她必須讓他們知道，總統的確在大家期待的方向上，穩健地往前走，捍衛主權，遇到壓力沒有屈服。對那些沒有投票給她的人，她也不能將他們排拒在外。「她不能失去總統的角度，她必須要讓這個社會的最多數的人接受說：就算我不一定支持妳，但至少現在我不要出來反對，我對這個國家不用太焦慮，可以安心。她也必須去團結最多國人可以凝聚的那個方向。」

「我覺得她有用心在思考這些事情的平衡拿捏。」劉建忻說。所以蔡英文的講稿是不好寫的。李拓梓說，每年重要演講，幕僚會建議有哪些層次、哪些東西該講，但是蔡英文看了後，會去想一個今年她主要想講的東西。

因此在二〇一九年，國際上貿易戰局勢方起，香港局勢動盪，而國內正逢選舉年的種種紛擾，總統說的話就格外重要。「中華民國不是誰的專利，臺灣也不是誰可以獨占。『中華民國臺灣』六個字，絕對不是藍色、也不會是綠色，這就是整個社會最大的共識」這段話，李拓梓說，是蔡英文自己想出來，寫在總統府便箋上，交給幕僚的。雖然句子經過姚人多潤飾，但原意是出自總統本人。在外部環境不安的時候，她尋求共同記憶，希望凝聚共同體的力量。「大家都是臺灣人，大家都住在這裡，她一直想要去營造這個概念。」李拓梓說。

從那年起，「中華民國臺灣」經常出現在她的演說中。同一年的國慶慶典，國防部 CH-47 運輸直升機掛著一面特製長十八公尺、寬十二公尺、半個籃球場大的巨型國旗，從總統府上空飛過。次年，COVID-19 爆發，飛機載著一箱箱口罩，上面貼國旗標誌，飛向許多國家。

在二〇二〇年的勝選感言中，她說：「中華民國臺灣，這麼勇敢而美麗的國家，你怎麼捨得不多看它一眼呢？」「我們都是臺灣人，所有的臺灣人，都是家人。」她呼籲支持者在選後放下對立，擁抱家人，一起克服所有挑戰與困難。她也曾經說過：「不管你是中華民國派，還是臺灣派，這裡就是我們共同生活的地方。」漸漸地，「中華民國」、「臺灣」、「中華民國臺灣」，都是我們的名字。

隨著國際局勢變化，臺海「維持現狀」成了各國的共識，中華民國臺灣的存在廣被認可，而中國是想要改變現狀、造成紛擾的一方。二〇二一年，蔡英文歸納對兩岸交流的原則，即「四個堅持」：永遠堅持自由民主的憲政體制、堅持中華民國與中華人民共和國互不隸屬、堅持主權不容侵犯併吞、堅持中華民國臺灣的前途，必須遵循全體臺灣人民的意志。

二〇二三年國慶前夕，前總統馬英九表示他不會出席國慶典禮，因為「中華民國不見了」。曾經是馬英九國策顧問的郝明義在臉書上評論道：「更早把『中華民國』消失的是他（指馬英九）吧。」郝明義說馬英九在陳雲林訪臺、與自己訪問中國時，都把中華民國的名字與國旗隱藏起來。這也是臺灣獨特的矛盾，說要捍衛中華民國的人，在與中國有關的場合絕口不提中華民國；被批評把中華民國消失的人，反而帶著這個名字和國旗，走到世界各地。

這一年，「中華民國臺灣」繼續出現在蔡英文的演講中：「各位國人同胞，無論是六十五年前的八二三戰役，或是如今面對外部威脅的挑戰，我們始終懷抱著，不分彼此、同島一命的信念。如今，中華民國臺灣，已經成為兩千三百萬人民的主流共識。這個共識，匯聚了不同族群的歷史情感，和七十四年來福禍與共的體認。它更代表，我們會為了團結、為了守護國家、為了捍衛民主自由的生活，願意走近彼此，創造最大的公約數。」

文化部長史哲認為，蔡英文無

二〇二一年一月十一日，蔡英文在勝選感言中說：「不管你是中華民國派，還是臺灣派，這裡就是我們共同生活的地方。」（攝影：鄒保祥，鏡週刊提供）

聲無息地讓「中華民國」與「臺灣」融合成最大公約數。他說：「在蔡英文之前，有沒有『中華民國在臺灣』？有啦，嘴巴上有講，論述上也會講到，可是這確實還是兩個世界，這兩個世界從意識型態，從對國家的觀念，甚至從美學上，都是歧異的。我覺得這幾年從各方面，從美學上，從文化上，兩者的融合體制化了。」史哲認為這是應該肯定的：「過去有一些人的觀點是，我幹麼要把中華民國納進來臺灣的範疇？臺灣就臺灣，臺灣應該不是中華民國，臺灣應該跟中國做截然的區隔。看似有道理，可是那你就永遠在臺灣的民意當中，就是一部分而已。當你把中華民國納進來，那你就是臺灣的全部。」

身為臺灣人意味著什麼？

所謂認同感，並不會只存在於總統的正式演講中。這些年，身為臺灣人意味著什麼，似乎也悄悄發生著變化。一個共同體不只有過去，還有現在和未來。

當下正在共同經歷的，往往才是最重要的，會寫進記憶之中，成為未來認同的基礎。

例如，這幾年最大的全球災難COVID-19，臺灣的防疫成果，讓世界看到了臺灣應變危機的能力與韌性，在經濟合作暨發展組織（OECD）重點國家的致死率，臺灣是第六低；超額死亡率是全球第三低；而根據日本經濟新聞所發布的疫情復甦指標，在全球的一百二十個國家中，臺灣則是排名第一。

二〇二〇年四月，《時代》邀請蔡英文撰文分享防疫經驗，文章標題：「臺灣總統：我國如何預防新冠肺炎大爆發」（*President of Taiwan: How My Country Prevented a Major Outbreak of COVID-19*），她開篇第一句以「臺灣是堅韌之島」（Taiwan is an island of resilience）破題，強調臺灣抗疫成功並非偶然，是醫療人員、公私部門及整個社會的努力，全國做好防疫的準備。

她指出，二〇〇三年SARS爆發，臺灣痛失數十條人命，從慘痛經驗中學到教訓。這次臺灣一出現首例確診後，即進行嚴密疫調，接管醫療用口罩，並設計配售機制，口罩國家隊自給自足後還能援外。她強調：「新冠病毒是一個全球性的人道災難，儘管臺灣遭受不公平待遇，被排除在世衛和聯合國外，我們仍願與全世界合作。」「全球危機考驗國際社會的韌性，要打擊並撕裂我們，我們必須擱置歧見，團結起來齊心抗疫。」

疫情推升了臺灣的國際能見度，美國聯邦參議院蘇利文（Daniel Scott Sullivan）等三位參議員訪臺時，他指著自己的口罩說，「看看我的口罩，疫情之初，臺灣提供美國逾千萬片口罩，這就是其中的一個。」那口罩上印著「Love from Taiwan」字樣以及國旗。之後，他更宣布援助臺灣七十五萬劑疫苗，作為「來自美國的愛與回報」。

蔡英文個人的聲望也不斷提升，如同裴洛西議長說，臺灣人民的合作、防疫政策的成功，是全世界的模範；加拿大的史葛洛（Judy A. Sgro）眾議員表示，臺灣防疫的成功，加速了全世界對臺灣成就及能力的了解；不僅如此，包括捷克、澳洲、瑞典等國際友人，也都紛紛地肯定臺灣的防疫成績。

蔡英文將國家認同的複雜問題，轉化為「當臺灣人的驕傲」。她領導全臺灣的人民，共同打造一個國家的品牌，也讓所有人以這個品牌為榮。

黃重諺說，蔡總統剛執政時，當時每天收到的「國際輿情」頂多就是A4兩頁、兩三篇文章，而且很多是與中國相關的負面新聞。後來，情況改變了，臺灣出現在國際版面要聞越來越多，多到只能列出標題或條目，「而且大部分是正面的事」。國際社會是一面鏡子，他補充說：「當你看到自己國家的總統，登上國際主流媒體封面，被視為全球領袖，那種強烈的驕傲感、對國家的認同感，油然而生。」

一起探索：看向宇宙深處

還有許多過去沒人相信臺灣可以做的事，正在發生，也改寫我們對自己的認識。

二〇一九年四月，中研院天文所參與「事件視界望遠鏡」國際合作計畫，在全世界注目下揭露首張「黑洞」照片，解開宇宙最大的奧祕，證明一百多年前愛因斯坦的廣義相對論，也象徵臺灣和全世界頂尖科學家聯手，樹立人類歷史的重要里程碑。臺灣科學家也可以帶著世界，看向宇宙深處。

這一年的國慶演說，蔡英文說：「當我們可以上太空，可以看見五千五百萬光年外的黑洞，那麼，眼前還有什麼挑戰，是我們沒有勇氣面對的？」

同樣地，過去恐怕沒人認為臺灣有能力造潛艦，但是在國際資源技術串連協作之下，二〇二三年九月底，臺灣研發製造的「海鯤號」亮相了。接著，在國慶的前一天，十月九日，臺灣第一枚自製氣象衛星「獵風者」（Triton，希臘神話中的海之信使），在南美洲升空，臺灣有了自己的氣象衛星，而且是全球少數能夠觀測海面資料的氣象衛星。

國家太空中心主任、人稱「火箭阿伯」的吳宗信說，獵風者整顆衛星包含酬載，共有約百分之八十二是由臺灣研發製造，若加上地面設備，有超過二十家臺灣的研發單位及廠商參與，「伊是正港臺灣囝仔」。它的關鍵元件比先前國人自製的「福衛五號」又要更輕、更小、更高效，證明以臺灣半導體精密製造的優勢，「臺灣製造」有能力進軍全球太空產業。

「過去經常強調我們的軟實力，沒想到我們還可以做一些有 muscle（肌肉）的事情。」黃重諺說。

國家太空中心預計於二〇二六年發射第一枚 B5G 低軌通訊衛星，作為臺灣版星鏈的首部曲。有鑑於俄烏戰爭，臺灣需要一百二十枚低軌衛星確保通訊不中斷，這背後布局寓意深遠。

……一起歡呼：奇蹟的夏天

二〇二一年，因 COVID-19 延後的東京奧運，在現場幾無觀眾的情況下展

二〇二三年七月十四日，蔡英文總統出席國家太空中心「獵風者衛星」啟運典禮。

開。大家也因疫情而困守在家，盯著電視螢幕觀戰。

李拓梓說，他所住的汐止山邊社區，平時夜裡安靜無聲。羽球男雙金牌戰那一晚，王齊麟、李洋以直落二贏得臺灣奧運羽球史上首面金牌。當最後那一顆關鍵的「冠軍點」，經由鷹眼回放，正好不偏不倚壓在白線正中央，「畫面一出，原本安寧的社區，忽然同步『哇』的一聲，響起尖叫及歡呼。」他說：「那真是個奇蹟的夏天！」

這一年國慶，國慶籌備委員會舉辦了「Our Heroes! 臺灣英雄大遊行」，由東京奧運英雄車隊擔任開場，「舉重女神」郭婞淳站在車上接受眾人喝采。五彩碎紙噴向空中，飄揚在館前路的英雄谷，現場一片歡騰。館前路「英雄谷」是文化總會在二〇一七年世大運之後，為運動場上的臺灣之光們量身打造的慶祝模式，把距離總統府不遠的館前路，化為選手遊行的舞臺，也讓熱情的民眾有機會參與慶典、向選手致上敬意。

就算政治立場再分歧，臺灣的人民仍然有共同的熱情，那就是為選手加油、被選手感動的剎那。體育署的「黃金計畫」有成，臺灣選手在國際賽事中不斷

二〇二一年九月一日的「Our Heroes! 臺灣英雄大遊行」。

創新佳績。而且不是只在過往的強項如跆拳道等領域獲勝，而是全方位地奪牌，也帶給國人全方位的感動。這些並非單憑運氣，而是國家有計畫地改善培育選手的方式。臺灣過去曾經發生過太多僵化體育行政飽受詬病的事件，左營國訓中心曾經就像個不舒適的軍營，更嚴重的是許多單項運動協會的公平性與透明度備受質疑。二〇一七年，《國民體育法》修正案三讀通過時，蔡英文在臉書上發文說：「協會的存在，是為了幫助選手，不是為了壟斷資源。不能好好照顧選手的協會，我們就叫它改革。」除了修《國民體育法》，政府也讓左營的國訓中心改頭換面。二〇二三年初，立法院通過設置國家科學運動中心，未來代表國家出賽的選手會得到更多的助力。

二〇二三年十月九日晚間，在蔡總統指示下，兩架 F-16 軍機從嘉義空軍基地起飛，一路向北，在臺灣領空上迎接杭州亞運國手歸國。天氣雖然不好，機翼外一片灰濛，可是當 F-16 開始施放熱焰彈，強大火光仍瞬間穿越雲霧，照耀天際，一閃又一閃，映照國手們年輕的臉龐，機艙內響起陣陣驚呼聲。

國慶後兩天，蔡英文在總統府接見亞運中華代表團，她對每位選手的表現如數家珍，甚至閒話家常，誰的力氣居然那麼大、誰要多吃一點、誰看起來乖乖牌，應戰卻冷靜勇猛……這些年紀很輕的國手，都可以當她的孩子了，府內準備雞蛋糕、麻糬等美食盛情款待他們，蔡總統叮囑給選手的雞蛋糕都要「大包一點」，巴不得要餵飽他們似的，選手們打趣說：有一種餓，叫「總統覺得你餓」。

蔡英文在致詞中提到，選手們挺過艱辛的訓練，克服極限，忍受挫折，甚至負傷比賽，為自己、也為國家爭取榮譽，「這就是臺灣精神」。她特別引用拳擊選手賴主恩所說「做自己的太陽，成為別人的光，別人又可以當下一個人的太陽」，鼓舞大家。

……

一起哀悼：英雄的送別

有舉國歡騰的日子，也有舉國同悲的時刻。二〇二〇年一月十三日，在憲兵重機前導之下，八輛黑鷹殉職將士的靈車緩緩駛過市區。素不相識的人們沿街而立，或拿著國旗、或捧著菊花，有人手上拿著板子，上面寫著「戰士辛苦了」，安靜地送將士最後一哩路。移柩車隊從三軍總醫院繞行半個臺北，最終在薄暮夜色中抵達第二殯儀館。

蔡英文總統率國防部長嚴德發、國安會祕書長李大維，以及多位國軍將士官兵，在國防部門口等候。當靈車經過時，蔡英文與眾人向靈柩敬禮致哀。一股沉痛的情緒將大家牢牢繫緊在一起。兩旁排成陣列的軍士官兵，肅立不動。有不少民眾自發地帶著國旗，站在路旁送別殉職將士。事後國防部向民眾致謝：「你們是國軍最強靠山。」

幾天前，一月二日，國防部參謀總長沈一鳴搭乘黑鷹直升機，準備飛往宜蘭東澳慰問官兵，不料直升機卻在新北烏來山區撞山失事，機上八人罹難。消息傳出，蔡總統指示於臺北賓館設置追思會場。隔天夜裡，臺北賓館點起了燈，蔡英文與副總統陳建仁等一行人走向會場，親向沈總長等殉職將士點燈獻花。次日，蔡總統前往宜蘭東澳空軍第一雷達分隊，代替沈總長完成「最後一哩路」，蔡英文向將士說：「無論發生什麼事，我們都會照顧國軍弟兄姊妹。」

移柩的這一天，總統大選才剛過兩天，蔡英文拿下史無前例的八百一十七萬張票，她勝選當晚說，無論票投給誰，都是民主的勝利。但此刻，國家折損了優秀的將士，身為總統，她要穩定軍心，她在接受電視專訪時說：「做為領導人，沒有把自己放入悲傷的權利。」

這恐怕是臺灣史上第一次，一位將軍，還不是國家領導人，在沒有動員的情況下，受到廣大民眾的愛戴與哀悼。臺北賓館開放民眾悼念，短短四天之內，湧入一萬二千多人點燈獻花，有六千多人寫下了悼念紙片。

李拓梓說，看到那麼多民眾悼念：「我有個感覺，民眾真心認同這個軍隊是我們的軍隊、是我們自己的子弟。我覺得這就是一個認同的改變。」

同年，七月三十日，前總統李登輝告別人世，高齡九十八歲。李登輝是臺灣民主化路上重要的人物，也是第一位民選總統。蔡英文在臉書上發表悼文，稱他為「時代的開創者」。臺北賓館的追思會場，有四萬三千人到場致意，送別阿輝伯最後一程。追思牆上貼滿民眾手寫的便條紙，其中最多的訊息是「感謝」。

那年國慶的總統府光雕，在夜空之下，響起阿輝伯的聲音，是他當年用英文在康乃爾大學的演講：「I do it with the people in my heart.」（民之所欲，常在我心），那是臺灣走向民主的一個時代里程碑。

一同撐起那把傘

未來臺灣仍然會有喝采歡呼，也仍然會有感傷送別；會有歡慶成就，也會一起度過困難。這些都會寫入臺灣的共同記憶。

二〇二三年，蔡英文在就職七週年的五二〇談話中，引述了五月因臺中捷運意外而過世的人權教授林淑雅生前寫下的一段話：「我們在母親土地上自己決定想要什麼樣的國家，並積極改造它，這是尊嚴。」——尊嚴不是天生就被賦予絕佳的條件，而是即便身在困境、迷惑、不被肯定之中，我們能為自己的國家思考，決定方向，加以改造。

當臺灣自造的「海鯤號」亮相時，為了保護軍事機密，必須全艦體密封，艦首更用國旗包覆起來。想想，一面國旗暫時性地包覆著潛艦，也像是「中華民國」國號、國旗一直包覆（代表）臺灣一樣，充滿了象徵意涵。

包覆也是保護。曾經，「中華民國」國號、國旗、國歌，因為臺灣獨特的歷史經歷，在不同人心目中喚起不同的記憶。但是蔡英文擔任總統的八年，她就地豐富、改變了這個名字所代表的定義與內涵——不是誰的專屬，也絕不是停留在威權的時代，而是由此刻當下，這個民主國家的人民所共有。中華民國有沒有被消失不見，不會由誰說了算，而是由整個國家真實的現況所決定。中華民國與臺灣，一方是經線，一方是緯線，從七十多年發展過程到朝向未來，互相嵌套、交錯重疊、彼此織就、互相成全，成為我們國家認同最大的公約數，臺灣人民可以共同團結在同一面旗幟之下。

二〇二一年一月，外交部發行新版護照，其中「TAIWAN」居中放大。蔡英文在執政七週年的最後一次五二〇談話中指出：「這七年來我們重新定義了臺灣，也讓全世界重新看見了，臺灣是不可或缺的存在。」

國發會主委龔明鑫與蔡總統共事近十年，也曾擔任經濟部次長，有很多機會陪蔡英文接見外賓。他近身觀察到，第一任時，小英面對國際社會時比較謹慎，不會過度承諾，到了第二任，她變得不同：「這兩三年來，我看她接見外賓的氣勢跟磁場，跟過去完全不一樣。你很清楚感覺到，臺灣現在也是一個世界要角。」

他提到，過去臺灣像小媳婦一樣，面對全世界，只要多做一些，就怕人家說我們是「麻煩製造者」、製造挑釁、挑起事端……現在不一樣，今天我們做的事情、講的事情，對全世界有很大的幫助。在國際間，小英總統已經蛻變成備受敬重與矚目的一流領導人。

如今，風雨再大，蔡英文都不再孤零零淋雨。這是她的故事，也是臺灣的故事，我們會共同撐起這把國家的巨傘。如果臺灣是一個品牌，我們都在參與創造這個品牌，未來將有更多的品牌故事，可以向世界訴說。

1. 這是蔡英文第二次入選百大影響力人物，早在二〇一六年四月，她就以中華民國總統當選人身分入選。當時是由《壹傳媒》創辦人黎智英，以「民主新面孔」（*A new face of democracy*）為題介紹她，文中指出，「……中國是全球人口最多國，既強大又傲慢，她的挑戰將會相當嚴峻。不過，蔡英文擁有中國領袖沒有的條件，就是民意授權。她展現了在華人社會中民主的可能，並且可以和平實現。」遺憾的是，正當蔡英文成為二〇二〇年百大影響力人物之首的時候，同年年底黎智英卻被以「勾結外國或者境外勢力危害國家安全罪」拘捕，至今未獲自由。

北風與太陽

翻轉臺灣文化力的故事

張惠菁

二〇二一年九月，當時還在總統府擔任文稿小組召集人的李拓梓，接到了國藝會董事長林曼麗的聯繫。她說希望請總統幫忙，讓黃土水隱沒多年的雕塑作品《甘露水》，重回大眾視野。其實藝術史圈已有不少人知道，這些年來《甘露水》被收藏在哪裡。但是為了取得保管者信任，林曼麗覺得，需要總統幫忙。

李拓梓向蔡英文報告後，首先聯繫了臺中小英之友會的會長——李茂盛醫師，希望藉李茂盛醫師在臺中醫界的地位，引薦他們去拜訪收藏者張醫師家族。為了取信，他們也請前文化部長鄭麗君，以文化總會副會長的身分代表蔡英文總統。這些輾轉、接力，一個熟人接著一個熟人的安排，全是為了表示尊重，讓保管者放心。

當林曼麗和李拓梓抵達茂盛醫院[1]，走到診所樓上時，發現保管《甘露水》的張醫師家族——已故張鴻標醫師的長男張士文醫師、四男張士立先生已經在場。林曼麗才遞上名片，張醫師就說：我知道妳是誰，我也知道你們要說什麼，「《甘露水》，恁就揣一工來共伊載轉去。」（你們就找一天把它運回去。）

這個故事，後來已經廣被臺灣大眾知道了。一九五〇年代，原來放置在臺灣省參議會的黃土水名作《甘露水》，因為省參議會解散，沉重的大理石雕刻《甘露水》被棄置在臺中車站前，無人看管。裸女像在民風保守的時代引人側目，甚至被人潑上顏料。加上當時政治氣氛丕變，臺中人一定都知道，一九四九年中央書局的張星建才剛遇害，陳屍在大正橋下。一度被視為臺灣人驕傲的黃土水作品，在這個時代裡，又會受到怎樣的對待？張鴻標醫師擔憂藝術品被毀棄，便設法把雕像運回家。先是放在家中。後來當他身體漸差，感到有生之年難以看到事情有個結果時，便將作品送到家族的霧峰工廠，封箱保存。交代子女，日後歸還給國家。

與張醫師家族碰面幾天後，林曼麗和李拓梓來到霧峰。同行的還有日籍修復師森純一。森純一曾修復過黃土水的《水牛群像》、《少女胸像》。正巧他因為COVID-19的關係，停留在臺灣，遂得以在第一時間去檢視《甘露水》的狀況。張士文醫師家族全員到齊，工廠內聚集了二十多人，都來見證《甘露水》重見天日的這一天。

但其實沒人知道木箱裡的情形。沒人知道這麼多年來，《甘露水》是不是還保存完整。他們將木箱放平，打開。首先看到的是麻布袋。將麻布袋剪開後，還有一層塑膠袋。再剪開。黃土水的《甘露水》出現在眾人眼前。它很髒，覆蓋著汙垢，但是完好，手、腳、頭部俱在。那些髒汙，森純一修復師一看就放心了，都是可以去除的有機物——其實就是老鼠屎，是《甘露水》這麼多年來，置身在工廠環境中，一度成為老鼠的棲地，與這些小動物在時間裡並存而積累下來的。

髒雖髒，大理石這種材質，卻不會受到生物汙垢的傷害。黃土水在東京時，是在沒有老師指導的情況下，憑藉他驚人的記憶力與理解力，自學學會大理石雕刻的。他到旅日義大利雕塑家奧提里歐·佩西（Ottilio Pesci）的作坊中，參訪了幾次，觀察佩西的工作方式。當時東京美術學校有非常好的木雕老師，但是沒有人能教大理石雕。而黃土水全憑眼見，連工具都自己親自打造起，就這樣練成了他的獨門功夫。他很可能是全東京能夠從事大理石雕的第一個亞洲人。[2] 因為他下了這樣的功夫，才留下了《甘露水》，一個與木材、石膏、青

「光——臺灣文化的啟蒙與自覺」自二〇二一年十二月十八日至二〇二二年四月二十四日於北師美術館展出。

銅都不同，或許可說是更為「不朽」的作品。經過清潔修復，除去一世紀的塵汙，《甘露水》以百年前的模樣，潔白現身。[3]

李拓梓說，後來正式簽約將《甘露水》交付給國家時，負責管理工廠的林立生坐在他旁邊，淚流滿面，哭得非常厲害，從頭到尾，眼淚都沒有停。

文化施政虛弱的時代

這個故事當中，有一種古老傳奇的色彩。是那種「把珍貴的事物藏起來，以待來日」的囑託；那種將珠玉與塵土混同，等待能辨識的人出現；或是讓劍柄沒入石頭裡，直到某個天命之人來拔出石中劍的故事。但這不是神話傳說，是臺灣文化史真實的一頁。

在過去幾年，其實發生了不只一件這樣的事。彷彿「以待來日」的那個「來日」終於來了。「意義」的彰顯揭露，有時需要時間。也許人，也許物，都會等待屬於它的時間。

前文化部長鄭麗君，現在是青平台基金會董事長。在青平台基金會的會議室，有一面牆的書架，架上的書籍品類，並不是一般公務單位的出版品，而是真實的藏書。「這裡有很多書呢。」我試探地問。鄭麗君指著其中一半解釋說，這些是她每年逛書展買來的。另一半，她說，是一位過世朋友的藏書。她說的是汪平雲，鄭麗君從大學時代便認識的好友。汪平雲過世後，這批藏書有一段時間放在左轉有書等地點，現在輾轉存放於青平台會議室的書架上

一半是每年書展上最新的書，一半來自故人。在一位前文化部長的基金會裡，添新與存舊之間的平衡，好像隱喻著關於文化的什麼。

鄭麗君在二〇一二年以民進黨不分區立委的身分，進入立法院。她回憶那時候的文化環境：「那個時期的電影很多都是兩岸合拍片，臺灣的國片不多，當時像《海角七號》這樣的電影，算是少數的例子。電視劇也是被逆輸入。」

「還有一個場景就是，我記得我當立委第一天，第一次質詢當時的（文建會）龍應台主委。質詢時我問她了不了解文化預算的結構？那結構就是：一半

是人事行政費，然後一半中的一半是硬體，剩下的四分之一才用在藝術文化的內容上面的支持，而且很多還是政府主導的計畫。所以整個文化的施政是非常虛弱。

「其實臺灣從文化協會開始，是思想力、文化力帶動當年的社會進步。臺灣民主運動濫觴的時刻，就是臺灣議會設置請願運動，都是從文化協會開始。然後那時候的藝術發展，那時候的文學發展，是非常前衛的、非常國際同步的。你看那時候的『風車詩社』，比布勒東在一九二四年的《超現實主義宣言》沒有晚幾年。[4]臺灣人自製的第一部電影，就在大稻埕放映，《誰之過》，是一九二五年——其實也不過一八九五年才在巴黎咖啡館放映第一部動態影像，還不是電影，它是連續動態影像。所以臺灣當時其實是在跟世界同步。」

「當然後來因為經歷了二二八、白色恐怖，可是你看接下來文學運動、美術史運動、鄉土文學運動，然後社區運動，然後新浪潮電影，我們那個年代是文化力爆發的年代。所以民主化之後應該是文化蓬勃發展。可是為什麼我當立委的時候，那時候的光景幾乎是⋯臺灣的文化話語權消失了？」

「我當立委的時候就驚覺，其實我們缺乏一套完整的文化政策。也就是說我們民主化之後，並未建立文化治理的概念。一個民主國家有的文化治理，不是由上而下。因為過去會限制文化、控制文化……最早是審查文化、控制文化，然後再來就扶植特定文化。可是它缺乏一個公共支持體系，普遍地支持多元文化、支持每個人文化權的實踐。」

這是鄭麗君對二〇一二年臺灣文化、文化治理情況的觀察。我們還可以把時間再往前推一年，來看看當年的時空背景。

二〇一一年，馬英九政府為「中華民國建國一百年」籌備了盛大的活動。過程發生了非常多爭議。文建會補助在蘭嶼打造拼板舟「拜訪號」，越過黑潮，航行到臺東。然而以此方式慶祝「建國百年」，彷彿是「遠人來儀」的一種形式，而且造船過程違反達悟族禁忌，穿著達悟族服飾的船長其實是漢人，祭祀的豬肉與芋頭也不是蘭嶼本地的產物。種種作法，使達悟族人感到文化不被尊重。

文建會委託臺東縣政府，建造「臺東百年地標」。被邀請擔任落成典禮導演的李建常回絕了邀請，並且公開發表〈阿常致馬總統的一封信〉，指出對臺東原住民而言的三個惡靈是：國家、美麗灣大酒店、核廢料。何榮幸在《中國時報》言論廣場版撰文引述這封信，評論道：「如果不能讓這片土地上的人們真正感受到公平、正義與尊重，各項建國百年活動營造的幸福感將無比虛幻，耗費公帑換來的也只是短暫刺激感官，甚至『為辦而辦』的華麗聲光效果而已。」

對於這些批判，當時的文建會回覆，這些問題「不能與辦理國家生日慶典混為一談」、「超越了我們籌備建百活動的職權」。這些回答令人更加擔憂，文建會對「文化」兩字的想像究竟是什麼。其後，作為建國百年活動的壓軸大作，獲得兩億多元補助的國慶搖滾音樂劇《夢想家》上演，內容空洞，尷尬收場。

李建常〈阿常致盛主委的一封信〉中這樣寫著：

「文化建設委員會」是甚麼？

我們到甚麼人的土地？建設甚麼人的文化給這土地的人？

> 這四個字比「警察局」還可怕。不是因為它比警察局多四個字。是因為「文化」是這片土地上長出來的「一切」。我們為何扮演神去「建設」這片土地上的「一切」然後控制它們該怎麼長呢？

結果「建國百年」的文化展演，成了檢討文化施政的契機。當時的文建會對「文化」的想像，顯然跟不上，也對話不了民間的批評。十一月，多個藝文團體合組「文化元年基金會籌備處」，發起「終結百年煙火，開啟文化元年：藝文界對台灣文化的九大要求」連署[5]，參加連署人數達一千八百人。文化界代表也主動拜會三個主要政黨。在拜會國民黨時，音樂家曾道雄說：「像這次國民黨最糟糕的事，就是跟民間脫節。」十二月，文化界代表策畫「開啟文化元年：文化界提問總統候選人」，對三個候選人提問。在馬英九連任總統後，文化界有關文化主體性的發聲仍然繼續。二〇一四年爆發的太陽花學運，其實也不只是一場政治運動。大量的文化短講，與延續到運動之後、常態化了的哲學星期五等活動，都顯示民間由下而上的文化視野，走得比官方更前面。

蔡英文二〇一六年競選總統的文化政策，鄭麗君是重要的召集人。其他政策討論大多發生在小英教育基金會和民進黨黨部，但文化政策的討論主要在青平台基金會進行，諮詢多位文化界、藝術界、媒體界、博物館界人士。二〇一五年十月，蔡英文在臺中發表文化政策，表示要「厚植文化力」，把文化作為國家進步的原動力。提出七大目標，包括「翻轉由上而下的文化治理」、「讓文化為全民共享」（訂定《文化基本法》、落實文化公民權）、「確保文化多樣性」、「文化從社區出發」、「提升文化經濟中的文化涵養」、「給青年世代更豐富的土壤」、「善用文化軟實力重返國際社會」。

這些方針中，「由下而上」、「厚植」、「多樣性」這些關鍵字，與「文建會」時代的文化想像相比，幾乎是典範的轉移。這一年的文化白皮書，成為後來施政重要的基礎。鄭麗君說：「現在來看都是，我覺得是臺灣文化政策的一個劃時代的觀念進步。」

二〇一六年蔡英文當選總統，鄭麗君出任文化部長。某些翻轉，開始啟動。

……

「要做看不見的文化治理，才有看得見的文化大樹」

二〇一六年，在國際上是變動劇烈的一年。英國脫歐；美國川普當選總統；土耳其政變，大量難民湧入歐洲，歐洲社會深受衝擊；香港發生旺角騷亂，又稱魚蛋革命；布魯塞爾、伊斯坦堡、巴格達發生恐怖攻擊；朝鮮試射核飛彈；人工智能 AlphaGo 與韓國棋士對奕圍棋，以四比一獲勝。

這一年，也是 Netflix 在臺灣正式上線的一年。我們現在已經非常習慣在 Netflix 等各種串流平臺上，隨時都有跨國界、跨語種，豐富多樣的戲劇和內容。其實 Netflix 到臺灣，也不過七年左右，大眾的視聽習慣已經為之改變。平臺上大量的跨國內容，也讓觀眾意識到，好內容可以打開國際市場。

特別是韓國。韓國的文化產業發展，搭上了這波內容的全球化時代，儼然成為文化輸出的王者。很多人自然會問，那臺灣呢？

要做的事情似乎很多。但鄭麗君首先做的是一些「看不見」的事。

「所謂小英的文化治理，她的文化政策發表會就提了，不是由上而下，所以我們就說，不是治理文化，而是文化治理。因為文化的主體是人民，沒有文化部也有文化，但是文化治理是把文化帶到國家發展視野，而不是去管理文化。所以你怎麼樣文化民主化、建構一個公共支持體系，讓每個人有公平的機會，可以創造跟參與跟共享文化，這是文化民主化核心的想法。」她說：「要做看不見的文化治理，才有看得見的文化大樹。」

首先從對話開始，召開全國文化會議，凝聚共識。接著是修法，形成文化治理的法源，溝通上位精神，並且把文化公民權的支持體系建立起來。她投影出一張文化治理「法制體系」的圖表出來，在《文化基本法》下，有整備文化基礎、促進藝文創作、發展文化經濟三個大重點，底下分別有對應的法規：如文化資產保存法、文化藝術獎助條例、文化創意產業發展法等等；以及中介組織：如國藝會、文策院等等。她是系統性思考，重視文化治理整體的發展。首先做的是把基礎、法源、組織建立起來，讓資源到位，給予空間，讓文化在上面生長出來。

對許多人而言，文策院的成立可能是最有感的。它也打破了過往政府對待文化的「補助」方式，以「產業振興」的方式看待文化，帶動投資、人才培育、長遠發展。

「在我上任時，OTT平臺上的臺劇並不多，你還記不記得二〇一六以前，OTT平臺上大多都是中國劇。」她說，當時用前瞻計畫來投資文化內容，一半給公廣集團，用比較高的預算，製作旗艦型的作品；另一半就投資OTT平臺上面的作品、新的IP開發、文化科技應用等等。《我們與惡的距離》算是旗艦作品。「所以是從那個時候，前瞻開始啟動，讓戲劇的製作費用從一集五十萬上升到兩百萬。」

「在那之後，我很清楚感受到：國際資金來了。民間的平臺跟文化金融開始有溫度、開始活絡起來了。所以我們趁機會設立文策院。」這也是在文化白皮書中就已經有的想法。過往臺灣政府對文化的挹注，只有輔導金和補助。但是現在轉換思維，要讓文化經濟、產業可以發展起來。「臺灣文化經濟如果不發展，我們就只是被逆輸入；就等於我們本身的文化多樣性，沒有辦法發展；世界也不會有臺灣文化多樣性。」為了要讓文化經濟發展，就要透過投資，來型塑文化金融。

二〇一八年三月八日，行政院會議通過《文化內容策進院設置條例》草案，送立法院審議。二〇一九年，文策院正式成立。

文策院的成立，標誌著臺灣文化政策的一頁重大改變。對「文化」內容採取的立場，不再是「補助」，而是「投資」。把文化內容看作是產業、可以帶來產值，並且進行產業的培力。很明顯地，臺灣文策院是以韓國的成功案例——韓國文化內容振興院為仿效對象。文策院作為投資者與培力者，擁有一百億來自國發基金的投資額度。文策院運用這筆基金的方式，是與民間合作投資，鼓勵民間有相應的投入——也就是用百億的國發基金進場點火，吸引和帶動民間投入。整體目標是要發展整個產業，而不僅是鼓勵產出單個作品。

臺灣的觀眾抱著期待的心情，議論「臺劇的復興」。近年受到好評的作品中，不少有文策院資金的挹注，或是在國際參展、推廣銷售上的協助。例如拍攝《俗

二〇一九年十一月八日，蔡英文總統出席「文化內容策進院」揭牌儀式。

女養成記》、《人選之人》的製作公司都有文策院的投資，《八尺門的辯護人》獲得前期開發支持。

我問鄭麗君：踏出這麼重要的一步，過程有爭議嗎？蔡英文的第一個任期，推動的許多改革，例如年金、同婚，都必須撐過改革的陣痛期，才能有結果。文化部跨出文策院這一大步，情況又是怎樣呢？

鄭麗君說，他們在事前做足溝通：「各個產業界、各地方政府我們都全面諮詢。每個會都開數十場會議諮詢，所以相對有共識。在立法院，就是努力跟各黨團溝通。我剛剛說的那個文化治理的法律體系，那裡面有很多法，通過了那麼多法，沒有一次動用表決權。」因為和各黨團都達成了共識，就不需要動員表決，而在立法院逕付三讀，順利通過。她說：「所以我還是相信民主的力量。」

在蔡英文政府正為年金、同婚焦頭爛額的時候，鄭麗君帶領的文化部，像鴨子划水般穩定前進，沒有爆發太多衝突。

空間與歷史：文化是公共財

留學法國的鄭麗君，在二〇二〇年從文化部長卸任後，重新翻譯了安東尼．聖修伯里的《小王子》。《小王子》中有個常被引用的名句：「真正重要的事情是看不見的，唯有用心才看得見。」

這或許也可以用來說「文化」這件事。蓋場館不是文化的全部，或說文化不只是在蓋場館。蓋場館終究是為了作為載體，讓那些看不見的事物發生。

有些看不見，是因為被埋藏了，例如再造歷史現場的計畫。鄭麗君表示，「重建歷史，對臺灣是一個——其他國家不一定——我們非常獨特的文化政策。因為我們過去是失憶的，我常說我們是故鄉異鄉人，不了解自己。所以『再造歷史現場』是臺灣史上第一波大規模的文化保存。以文化保存為核心，做都市的空間指引。因為過去臺灣的文化保存是單點、單棟，『再造歷史現場』計畫是以區域型規劃的文化保存。法國其實也是走了一百年，才催生他們的文資法，能從單點、單棟到區域。我們撥大筆預算給文化局，讓它可以整合其他單位來一起進行『再造歷史現場』計畫。讓都市的空間治理，能以文化為核心。」

一個例子是基隆。過去基隆有些具有歷史意義的地點，被淹沒在港口和軍營的範圍當中。例如太平輪的紀念碑、要塞司令官邸、要塞司令部校官眷舍、清法戰爭遺跡、法國人公墓等等，整個區域埋藏著基隆海港城市多元的歷史，但是原來是不被看見的。當時的基隆市長林右昌將整個區域規劃為歷史廊帶，成為「再造歷史現場」的第一個案子。後來加上和平島考古，小小一塊面積往下挖，有原住民的遺址、日治時期的房屋、清領時代的瓷器、西班牙薩爾瓦多教堂的牆角，與荷蘭教室的石架。臺灣四千年的歷史縱深具體而微，濃縮在這個現場。打狗領事館、左營舊城，也同樣在「再造歷史現場」中被發掘與維護。鄭麗君提到，楊南郡在安寧病房時，曾特別對前去探病的她說，原住民的石板屋要好好保存，「再造歷史現場」也有石板屋的保存計畫。

雖說文化不只是蓋硬體，其實蓋硬體也不容易。鄭麗君接任文化部的時候，有一些歷年計畫興建的國家級場館，因為經歷官司與波折，打亂了工序，導致收尾困難。像是衛武營還沒蓋好，管風琴卻已經安裝進去，結果生鏽，得想辦法除鏽。即將完工時，要進行煙控測試，但是場館太大，很難進行；波浪形的屋頂，要測風阻，這些都得一一克服。鄭麗君當年其實是先考上土木系，後來才轉哲學系的。想到這一段，她開玩笑說：「早知道一個文化部長要蓋那麼多工程，我就把土木系念完，再去念哲學。」

蔡英文對於文化資源，觀念上倒是跟她對長照服務的想法很像，特別重視「可近性」。「她有交代一件事情：不能只有國家級，每個地方都要有中小型場館，成為在地的藝文引擎。我們在前瞻裡面爭取了一個地方文化生活圈的計畫。」鄭麗君說，這個計畫幫助地方的中小型場館硬體升級，但是要求不能只有硬體，必須要有軟體的團隊和內容準備，她稱這為「以軟帶硬」。「如果臺灣的文化中心都能夠有在地的表演團體，或者有藝術總監、有營運的團隊，它就能成為個藝文引擎，才能夠真正讓藝術在地生根。這就像小聯盟，國家級劇場就像大聯盟。你有小聯盟，大聯盟，你才可以打國際盃。」[6] 蔡英文也讓總統府音樂會和各地方場館合作。

鄭麗君認為《文化基本法》的核心思想，就是文化公民權，是和世界對文化的想法接軌的。二〇二二年九月，聯合國教科文組織在墨西哥舉行了有史以來最大的全球文化會議——「世界文化政策與永續發展會議」（World Conference on Cultural Policies and Sustainable Development），一百五十個國家代表團出席，其中一百三十五位文化部長。會中達成共同的宣示，便是文化是「全球的公共財」（a Global Public Good）。教科文組織總幹事奧德蕾．阿祖萊（Audrey Azoulay）表示：「文化在我們的社會中具有根本性的作用。通過文化，我們可以發現彼此的共通性，成為更自由和開明的公民社會。」這樣重要的事物應該視為公共財。鄭麗君說：「文化不是只是為自己的發展，文化是一個進步的影響力。他們宣示：文化是全球的公共財，提出文化永續的概念。」既然文化是一種公民權、公共財，自然必須往下扎根。不是過去由上而下式的「文化建設」。而是由下而上，向四方生長，更像是生態系。

蔡英文政府任內，歷任行政院長都對文化部相當支持。鄭麗君說，蔡英文在連任競選活動期間，有一天打電話給她，問：「麗君，我們的文化預算真的成長六成嗎？我有沒有說錯。」鄭麗君說：「因為我給她的數字是這樣，她講完打電話來確認一下，說『我剛剛有沒有講錯？』我說妳沒有講錯，是成長六成。」劉建忻笑說：「因為預算會這麼大幅成長，通常是總統要求。」幕僚都說蔡英文盯社會福利非常仔細，但這幾年在文化政策上，看來倒不必她事必躬親，基本上按著白皮書的方向展開。

國家慶典，慶祝的是什麼？

雖然二〇一一年的「建國百年」遭受文化界惡評，甚至成為檢討文化施政的契機。但是在翻轉了文化治理的觀念之後，並不是從此就沒有了國家慶典。應該說，反而是有了新的、更接近人們的慶祝方式。

二〇一五年十月十日，總統候選人蔡英文到了國慶慶典現場，並且發了一則貼文：「今天，是我們國家的生日慶典。要為這個國家過生日，我們該慶祝的是什麼呢？我想，是民主。」「因為有民主，我們共同成為這個國家的主人。」「因為有民主，我們才能對這片土地、為這個國家感到驕傲。因為民主是我們共同的顏色。」

蔡英文成為總統後，各種慶典傳遞的訊息與視覺上的設計，確實與過往有明顯的不同。這當中主要的操刀者是「中華文化總會」。

中華文化總會是一個有五十多年歷史的非政府組織。文總創辦的時代是一九六七年，當時，對岸的中華人民共和國正在推動文化大革命，在臺灣的中華民國以復興中華文化的角色自居。中華文化總會歷來都以中華民國總統為會長：從蔣中正、嚴家淦、蔣經國、李登輝，到陳水扁、馬英九、蔡英文。每任總統交付給文總的任務，多少有點不同，但基本上離不開文化與文化外交。

談到蔡英文總統時代的文總，文總祕書長李厚慶說：「我們希望講臺灣的故事，但是盡可能不用傳統的方式。我們必須要結合很多的藝術家、設計師，音樂、戲劇，或是策展，去傳達臺灣的故事。」

文總是「國慶籌備委員會」（簡稱慶籌會）的成員，因此也主導著國慶典禮的設計。他們的方針是與年輕藝術家、設計師合作。每一年國慶訂出主軸後，都由一位設計師操刀主視覺。設計師往往會主動加入他對這一年的想像，結果便是讓慶典內涵更為豐富。例如二〇一八年的主軸是「臺灣共好」，設計師葉忠宜用了遊戲的概念來設計，做出一種動態的、互動的共好：「遊戲的真諦在攜手共存，不在爭奪輸贏；在於合作分享，不在單打獨鬥。」考慮到二〇一八年是空前激烈的選舉年、公投年，設計師用「遊戲」來表達「共好」，其實非常有趣。或是像二〇二一年，全球COVID-19疫情還在持續，臺灣因為口罩、疫苗、供應鏈重組、地緣政治變化，而和許多國家締結了友誼。這一年的主軸是「民主大聯盟，世界加好友」。設計師是馮宇，他使用金色為最主要的顏色，金色的繩線交織扭轉，當中隱藏著「握手」的符號。

李厚慶說，在與設計師合作的過程中，文總會特別尊重設計：「設計師在從構思到作業出來的過程當中，有他一套脈絡去處理：他可能會去了解這個事情、放入他覺得要去強調的精神，然後他利用視覺跟線條，去做出這樣的一個作法。也因此，他就打破了一些過去的形式。」而他也觀察到，創作者會從文化中取材，「新一代的創作者有非常濃厚的、對臺灣的情感，臺灣的這些東西是他們創作的來源。」

二〇一七年文總第一次嘗試總統府國慶光雕，由藝術家陳怡潔擔任總導演。陳怡潔想到霞海城隍廟牆上一對剪黏藝術的神將，這兩名神將身上帶著「旗、球、戟、磬」這四樣物品，即是「祈求吉慶」的諧音。陳怡潔就用這個典故來設計光雕，表示祈求國家的吉慶。再邀請楊秀卿以說唱藝術，表現這個典故。音樂則由擅長結合傳統與現代曲風的柯智豪來擔綱。霞海城隍廟也發文致意。

這一年的光雕深受好評。接下來每年國慶都推出光雕，每年都把總統府化為又一個講述臺灣故事的載體。光雕主題年年不同，例如二〇二〇年，回應COVID-19疫情，表達災難來襲時那「不尋常的日常」。這年過世的李登輝前總統，他在康乃爾大學演講時用英文說的那句「民之所欲，常在我心」，也被剪輯到展演裡。二〇二一年慶祝文化協會一百週年。二〇二二年的主題是「寶島有光，土地之愛」，由臺灣電影史研究者蘇致亨撰寫腳本，用近年來重新被看見的臺灣前輩藝術家作品與修復後的臺灣老電影，串起整個敘事。每年光雕都由總統按下啟動鈕。總統府前廣場，在國慶那幾天是行人可以走動的空間，隨著天色暗下來，人潮聚集，大家席地而坐，等待光雕開始。

蔡英文文化白皮書中所說的「文化多樣性」，也體現在慶典中。慶典的中心，歷年的國歌領唱者，有棒球員陳金鋒，有雷敦龢神父、鋼琴家藤田梓和新住民們，有疫情兩年辛苦的醫務人員，也有國軍、海巡代表與馬祖

二〇二二年十月六日，蔡英文總統出席「一一一年國慶總統府建築光雕展點燈儀式」。

的兒童合唱團，還有燈塔守護者。參與國際賽事的運動選手，在慶典中受到歡呼。近兩年也邀請國際樂儀隊來參加，二〇二二年的橘高校吹奏部，二〇二三年的東京農業大學第二高等學校吹奏樂部、UCLA棕熊行進樂隊，都引起旋風。和臺灣高中樂儀隊迥然不同的風格，刺激了不少反思，也是有趣的交流。

「我覺得臺灣本來就是很多元的，但是多元以外，彼此認識是很重要的。」李厚慶說：「這就是臺灣的海島性格，就是你不是封閉的，是開放的。」

……

流向世界的文化黑潮

蔡英文對文化的思考，除了由下而上的治理，還特別重視「要讓世界聽到臺灣的聲音」，認為把臺灣的觀點放送出去，讓臺灣的聲音不要在國際社會上被消失，對臺灣是一個很重要的保障。李永得接續鄭麗君出任文化部長後，在他任內創辦了面向國際的影音平臺「Taiwan Plus」。蔡英文對「Taiwan Plus」

非常重視，也盯得很緊，她很可能是「Taiwan Plus」在國內最忠實的觀眾之一。在總統的位置上看，國際上的文化能見度也有著國家安全的意義。

「這幾年，從政治上，臺灣當然是達到前所未有的能見度，可是那個是叫做『知名度』。文化其實它不只是知名度。文化其實有點類似『好感度』，甚至可以說，就是你國家的靈魂。」臺灣能在國際上擁有知名度的同時，也有更多的好感度嗎？現任文化部長史哲說：「數位國度，事實上是臺灣的機會，像OTT確實是抹平了文化的差異。」他提出「壯大臺灣內容，建立文化自信」，在前兩任文化部長的基礎上，史哲再提高文化投資與對外輸出的力道。在他任內編列的文化預算，也是有史以來成長幅度最大的。

他在上任不久後推出「文化黑潮計畫」：「我不敢講文化要做護國神山，所以我就講說：我希望要做文化黑潮。為什麼用『黑潮』？因為黑潮流經臺灣，流到世界很多地方。我們的黑潮是暖流，文化黑潮讓我們溫暖全世界。意思是一方面我們要走出去，一方面希望世界可以因我們而感動。」

黑潮計畫第一年徵求臺劇提案，但是未來影視內容的源頭：文本、圖像、漫畫、小說，甚至文化科技、博物館內容，也在黑潮計畫贊助之列。他舉他近日在巴黎參觀巴黎聖母院的VR展，頭戴式顯示器是臺灣的HTC製造，內容軟體的設計，則實現了當前最進步的VR體驗。而且不需要去聖母院，現在也可以在高雄的國立科學工藝博物館體驗到。「你透過VR看聖母院以後，你未來一定會想去聖母院。所以它跟觀光形成了一個循環。這就是文化科技。」

史哲認為，蔡英文執政以來，透過文化預算的挹注、各式各樣的支持，臺灣文化的多元性，得到了充分的展現，文化變得寬廣，也變得更精彩，「這一個臺灣創作自由的、多元的土壤，應該要把它的槓桿性發揮到極致。就是要打開雙臂擁抱一切，一旦把多元的文化擁抱進來，它就會融合成我們的一部分，你不用擔心被它牽走。你要讓世界看到，華語世界唯一百分之百自由的國度，它在文化上會長成多麼的豔麗、獨特。是一個跟西方有共同價值的美好國度。」

……

文化施政不能是北風，而必須是太陽

一個關於文化力的故事，當然不會全是來自政府的故事。更多是擁有主體性的人們，在新的環境中，自主地做出新的決定、新的創造，再反饋成為文化土壤的一部分。

二〇一八年的中秋假期前，鄭麗君搭上飛往美國的班機，經過十多個小時的飛行，抵達加州爾灣。她的目的地是去拜訪順天美術館。

順天美術館的館藏，是科學中藥順天堂藥廠的創辦人許鴻源博士所收藏的臺灣藝術家畫作，總共有六百多件作品。他在生前留下遺囑，要家人將這批館藏保持完整，不可分散，等臺灣成為民主國家的那一天，要把這批作品捐給國家。鄭麗君在美國親眼看到了這份遺囑。

陳澄波、廖繼春、李梅樹、郭雪湖、李石樵、呂基正、張義雄、洪瑞麟、廖修平、蕭如松、陳正雄、陳庭詩、秦松、席德進、沈耀初、薛保瑕、梅丁衍、許自貴、賴純純、黃銘哲……從日治到當代，鄭麗君說：「我人生跟月亮最接近的一個中秋節，就是去帶這批藝術品團圓回家。」

二〇二〇年，一檔展覽「不朽的青春——臺灣美術再發現」造成了轟動。在北師美術館展出的三個月期間，參訪人次超過四萬五千人，其中不乏有人重複造訪了兩三次。展覽畫冊售罄之後，在網上募資再版，募得四百多萬，是原目標金額的八倍。

彷彿點亮了一盞燈，臺灣近代美術的展覽與出品版有如雨後春筍。同一年的年底，有北美館的「走向新世界：臺灣新文化運動中的美術翻轉力」。接下來短短幾年內，又有陳澄波、洪瑞麟、李石樵、何德來、黃土水的專展。黃土水的《少女胸像》，是「不朽的青春」展覽中最引人注目的展品之一，這個展覽使得黃土水重新被社會大眾認識，也促成了《甘露水》的再現。《甘露水》出現後，當時的文化部長李永得協助促成《甘露水》的修復與南北巡迴展出，並讓《甘露水》入藏國美館。國美館又策劃「臺灣土．自由水：黃土水藝術生命的復活」大展，展出從臺灣、日本各地借展而來的三十七件黃土水作品，以及文件。

二〇二一年十月十七日，蔡英文總統出席「『百年追求 · 世紀之約」臺灣文化協會一百年紀念會。

回到二〇二一年十一月，《甘露水》離開臺中霧峰的工廠後，經過兩個月的修復，終於在北師美術館的「光——臺灣文化的啟蒙與自覺」展覽中，睽違六十多年，再次出現於大眾眼前。

展覽揭幕當天，張士文醫師致詞說：「我臺語說得比較流利，但是今天我要用國語來致詞。因為今天讓我想起爸爸曾經說過的話，『當本省人懂得尊重外省人，而外省人也知道必須尊重臺灣人的時候，就是把《甘露水》歸還給國家的時刻了。』今天不就是正逢其時嗎？讓我們相互尊重，共同以無比歡欣的心情，來迎接《甘露水》現身的曙光。」

好像北風與太陽的故事。曾經受過傷的，藏起來的，有過憂慮恐懼的，以沉默層層保護的。藝術既脆弱也強大。保管它們的人，背負囑託的人，等待著合適的時機，才肯讓它們現身。

在一個溫煦的季節現身。

1. 當天鄭麗君因為臨時有公務，以遠端連線代總統致意。
2. 黃土水學會大理石雕刻的經過，見鈴木惠可，《黃土水與他的時代：臺灣雕塑的青春・臺灣美術的黎明》（臺北市：遠足文化，二〇二三年六月）。
3. 但是被潑顏料的部分無法去除，森純一修復師用可回復的方式，將被染汙的地方覆蓋為大理石的白色。
4. 安德烈・布勒東（André Breton）在一九二四年發表《超現實主宣言》。風車詩社，詩人楊熾昌（筆名水蔭萍）等人，在一九三三年於臺南成立，是臺灣第一個提倡超現實主義的文學社團，風車詩社的故事曾被拍成紀錄片《日曜日式散步者》。
5. 連署文 http://renewtwculture.blogspot.com/2011/11/blog-post_17.html。
6. 二〇一八年九月二十九日，文化部在衛武營國家藝術文化中心召開「全國文化機關（構）主管會報」中，提出「『藝文引擎驅動』催生藝術發展生態系」政策，啟動藝文場館軟硬體升級的三年計畫。鄭麗君說，雲門舞集藝術總監林懷民不斷呼籲希望政府應該推動文化中心復活計畫，文化部啟動的藝文場館升級與轉型計畫，就是強調「以軟帶硬」，希望讓場館真正成為驅動地方藝文發展的引擎。

後記

李桐豪

臉書日前不是很流行「關於我可能讓你很意外的 Point」的作文比賽？如果是蔡英文玩這個遊戲，文章開頭大概會是這樣：「第一，蔡英文每天早上醒來要看非凡財經臺。第二，她不是沒脾氣，開會也會有跟幕僚意見不合大小聲的時候，但每次罵完幕僚，覺得不好意思，總是會端一盤水果去問人家要不要吃？第三，她是一沾床秒睡體質。第四，她最喜歡的電影人物是《長日將盡》的安東尼霍普金斯和《冰原歷險記》的喜德……。」臉書每隔兩三週翻新一套特效濾鏡、瘋傳一個心理測驗，如今要寫這樣一篇跟風作文，似乎有點過氣了。或者說網路上的消息分分秒秒變化著，回首二〇一六年五月二十日蔡英文就職總統那一天的新聞，遙遠得像是上輩子的事情了。

八年，很多事澈底地改變。譬如媒體生態，本世紀初呼風喚雨的《壹週刊》、《蘋果日報》沒有了；中天新聞臺被吊銷執照。但沒關係，新世代的新聞戰場在網路，收視率被流量取代，百萬訂閱的KOL喊水會結凍，AI偶像報天氣，ChatGPT可以寫新聞稿，新聞是戲稱「製造業」，假作真時真亦假，無為有處有還無。又譬如國際情勢，運行一、二十年的全球化的秩序被美中貿易戰打破，烏克蘭、以色列加薩戰火沒有停歇的意思，地球每個角落烽煙四起，蔡英文在這樣一個風起雲湧的時代中，也當了兩任的總統。

蔡英文執政八年，寫過四次關於她的文章，第一次是執政百日，寫她險峻上路。第二次是二〇一八年進入官邸，聽她講執政兩年心聲（或政令宣導），她說政府部門把改革和轉型的藍圖做出來，把路徑做出來，把相關的執行策略都做出來，把國家放到軌道上，一切皆在運行中。可是當年民進黨地方選舉大敗，黨員以為是她推動的年金改革和同婚法案惹禍，當時臺灣刮起韓流旋風，但那一次她也以八一七萬票連任成功。第三篇文章就寫她的改變與堅持。再來就這一次，與近三十個幕僚首長回憶這八年，聽他們述說每一個重大政策是如何在激辯中形成，如何突圍，也見證臺灣在國際舞臺每一個漂亮的亮相和轉身。

第一次寫蔡英文，有在野黨的政治人物批評她和幕僚巧立名目開各式各樣的會，但決策出來都是一些很小的事，簡直是「白雪公主與七矮人」，小矮人忠心耿耿，深受主子信任，但主子開了太多工作視窗，一下子在這裡打掃，一下子在那裡煮飯，忙得團團轉，並無暇思考長遠之計。然而時間一長，拉出足夠的距離，再回頭，我們發現風景不一樣了。蔡英文二〇一六年五月二十日就職那天，臺灣股市加權平均指數八一二七．一八，二〇二三年五月十九日就職七週年前一天，股市收在一六一四六．二九。執政伊始，國軍有誤射雄三飛彈事件，軍紀渙散，然而七年以來，蔡政府能以合理價格取得過去無法取得的先進裝備，此外也致力於高教機國造、潛艦國造、國艦國造，甚至還恢復了一年義務役期，以兵強馬壯對世界展現臺灣自我防衛的決心。在野黨屢屢要拿她在就職演說提到多少次「中華民國」，典禮上有多少面國旗來生事，然而兩個任期內，中華民國成了熱門關鍵字，屢屢出現在國際媒體上。還有，同婚法案通過了，島嶼男男女女，相愛者願成為眷屬者，都有了法律的保障了。當然，八年也有未竟之功，軍公教年金改革完成了，然而勞保年金未能有共識，在未來幾年仍有破產的疑慮，始終是惘惘的威脅……。

然而她在二〇二四年五月十九日就要卸任了，歷史又將被翻到下一頁。列舉她在八年做了什麼、沒做什麼，似乎有點像是為蔡政府編畢業紀念冊的意味，時態是過去式，然而綜觀她所籌謀的國家大事，有些正在進行中，有些將在未來發生，我們是否能抵達她在任內所承諾的應許之地，也許還需要下一個八年，或者下下一個八年，才會明白寫在這本書的內容，是為下一輪太平盛世而寫的備忘錄，或是我們正置身國運往窮途潦倒拐彎的萬曆十五年……在蔡英文的年代裡，這到底是最好的時代，還是最壞的時代？是智慧的時代，還是愚蠢的時代？我們是迎向靈光消逝的時代，還是朝陽再起的明天？就留給時間去評價。但無論如何，關於蔡政府和關鍵八年的種種故事，都寫在這裡了。讀者不一定要照單全收，但想要辯駁的、推翻本書觀點的，但願也能保持理性和清明，一如蔡英文領導臺灣這八年，在每一場大大小小的國家會議上，面對所有異見和異己，總是好好準備，好好思考，好好決策。

致謝

這本書，為了呈現這八年的故事，訪問了多位政務官、政治幕僚，也有民間社運人士。有多位受訪者，特別是政治幕僚，曾向我們表示，事情是團隊一起做成的，不需要提到他們的名字。但是由於這本書更希望呈現的是：在這八年臺灣公共事務的領域之中，人的互動與決定形成的過程，怎樣促成了時代的轉變，所以還是說服他們，讓我們將他們的名字寫出來。我們所寫的故事，不可能是這八年全部發生的事，也必定有許多重要的人沒有訪到，這是由於三位作者的書寫選材、以及聯繫約訪之所能及。在此向所有願意撥出時間，與我們分享經驗與觀點的人們致謝。

特別感謝：尤美女，王法權，史哲，江春男，呂欣潔，李拓梓，李俊俋，李厚慶，李懷仁，沈榮津，林全，林育良，林萬億，林鶴明，吳也民，吳釗燮，花敬群，施克和，孫友聯，陳吉仲，陳時中，陳俊麟，黃重諺，黃麗群，張振亞，張景森，張勝涵，潘文忠，劉建忻，鄭亦麟，鄭麗君，蕭美琴，謝長廷，鍾如郁，瞿欣怡，羅融，龔明鑫。

大事記

國際事件		臺灣事件
	二〇〇八	
	三月	・二十二日，第十二任總統大選，馬英九、蕭萬長當選正副總統。
・十二日，中國汶川大地震。	五月	・二十一日，蔡英文當選民進黨主席。
・一日，俄羅斯與喬治亞戰爭。 ・八日，北京奧運開幕。	八月	
・十五日，雷曼兄弟控股公司破產，次貸危機引發全球股市崩盤。	九月	
・四日，美國總統大選，歐巴馬、拜登當選正副總統。	十一月	・三日，中國海協會長陳雲林訪臺。
	二〇〇九	
・十三日，伊朗綠色革命。	六月	
	二〇一〇	
	一月	・一日，蔡英文新年致辭，宣告開始制定《十年政綱》。

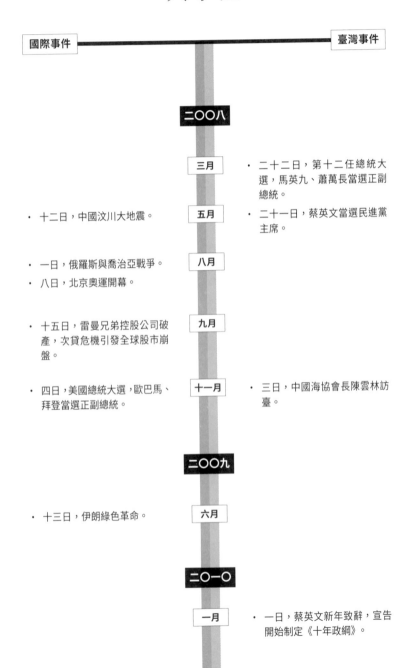

四月

- 二十五日，蔡英文與馬英九進行 ECFA 電視辯論。

五月

- 一日，上海世界博覽會開幕。
- 二十三日，蔡英文連任民進黨黨主席。
- 二十五日，蔡英文宣布參選新北市長。

六月

- 十一日，南非世界盃足球賽開幕。
- 二十九日，ECFA 正式簽署。

十一月

- 二十七日，直轄市長選舉，蔡英文落選新北市長。

十二月

- 十七日，突尼西亞茉莉花革命，後續連帶影響多個阿拉伯國家的民主運動，被稱為「阿拉伯之春」。

二〇一一

三月

- 十一日，東日本大震災，引發海嘯與福島第一核電廠事故。
- 十五日，敘利亞內戰爆發。
- 十一日，蔡英文宣布參加民進黨內總統候選人初選。

四月

- 希臘國債危機。

八月

- 十六日，蔡英文與林全對外說明《十年政綱》。
- 二十二日，民進黨全國黨代表大會通過《十年政綱》。

九月

- 十七日，占領華爾街運動。

二〇一二

一月

- 十四日，第十三任總統大選，馬英九、吳敦義當選正副總統。蔡英文發表落選演說並辭去黨主席。

三月

- 四日，俄羅斯第六任總統大選，曾為三、四任總統的普丁再度參選並當選。

五月

- 二十七日，蘇貞昌當選民進黨黨主席。

七月

- 二十七日，倫敦奧運開幕。
- 十八日，小英教育基金會成立，林全任執行長。

十一月

- 六日，美國總統大選，歐巴馬、拜登連任。

十二月

- 二十六日，日本眾議院議員選舉，安倍晉三出任首相。

二〇一三

七月

- 四日，洪仲丘事件。

十一月

- 二十一日，烏克蘭廣場起義。

二〇一四

二月

- 二十五日，朴槿惠就職為大韓民國總統。
- 二十三日，俄羅斯占領克里米亞。東烏克蘭發生頓巴斯戰爭。

三月

- 十日，習近平當選為中華人民共和國主席。
- 十三日，梵諦岡選出方濟各為新任教宗。
- 十八日，太陽花學運。

五月

- 二十五日，蔡英文回任民進黨黨主席。

六月

- 十二日，巴西世界盃足球賽開幕。
- 俄羅斯發生金融危機。

七月

・三十一日，高雄氣爆事件。

九月

・二十六日，香港雨傘運動。

十月

・四日，巢運團體夜宿仁愛路。

十一月

・二十九日，直轄市長及縣市長選舉。民進黨取得十三個縣市執政。

二〇一五

五月

・十九日，中國發布《「中國製造二〇二五」行動綱領》。

十一月

・七日，馬英九與習近平在新加坡會面。

二〇一六

一月

・十六日，第十四任總統大選，蔡英文、陳建仁當選為正副總統。

二月

・八日，香港發生旺角騷亂，又稱魚蛋革命。

・一日，新任立委就職。蘇嘉全、蔡其昌為立法院正副院長。

三月

・十五日，AlphaGo 與韓國職業圍棋士李世乭對弈，AlphaGo 以 4:1 獲勝。

・二十二日，布魯塞爾連環爆炸案恐怖襲擊事件。

・二十八日，內湖隨機殺人案，幼童小燈泡遇害。

・三十日，馬英九、蔡英文舉行「雙英會」。

四月

・三十日，新內閣共識營。

五月

・二十日，第十四任正副總統蔡英文、陳建仁就職。林全出任行政院長。

六月

- 二十三日，英國舉行脫歐公投。
- 二十四日，柬埔寨政府遣送八十一名詐騙犯至中國，其中包括二十五名臺灣人。

- 一日，國家年金改革委員會成立，陳建仁任召集人，林萬億任副召集人。

七月

- 二十九日，尼莎颱風，電塔倒塌，全臺各地停電。

八月

- 五日，里約奧運開幕。

- 一日，蔡英文代表國家向原住民道歉。

九月

- 一日，蔡英文提名許宗力等七人為司法院大法官，許宗力、蔡烱燉為司法院正副院長。
- 三日，「軍公教反汙名要尊嚴九三大遊行」，抗議年金改革。

十月

- 十二日，香港立法會宣示風波。

- 十六日，畢安生辭世。
- 二十四日，尤美女提出婚姻平權《民法》修正草案。
- 二十五日，立法院行使同意權，通過蔡英文提名的許宗力等七位新任大法官。
- 二十九日，同志大遊行。

十一月

- 八日，美國總統大選，川普、彭斯當選正副總統。

十二月

- 二日，美國總統當選人川普與蔡英文通話，簡稱「川蔡通話」。
- 三日，反同婚團體幸福盟在凱道舉辦「百萬家庭站出來！婚姻家庭，全民決定」活動。
- 六日，《勞基法》修正案通過三讀，實施一例一休。
- 十日，同婚團體在凱道舉辦「讓生命不再逝去，為婚姻平權站出來」音樂會。
- 二十三日，《住宅法》修法。
- 二十五日，亞洲．矽谷計畫執行中心揭牌啟動。
- 二十六日，立法院司法委員會審查婚姻平權民法修正草案，有反同抗議民眾闖入立法院。

二〇一七

一月

- 二十三日，川普簽署行政命令，美國退出跨太平洋夥伴關係協議（TPP）。

- 七日，蔡英文展開中美洲訪問行程，過境美國休士頓。
- 二十二日，年金改革國是會議全國大會在總統府舉行。

二月

- 十八日，蔡英文在總統府分別會見同婚、反同婚雙方代表。
- 二十一日，退伍軍人團體發起「八百壯士捍衛權益行動」，抗議年金改革。
- 二十三日，凱道部落抗爭。

三月

- 十日，韓國憲法法庭審理總統朴槿惠彈劾案，宣判彈劾案成立，朴槿惠成為韓國史上第一位任內被彈劾下臺的總統。

- 二十一日，蔡英文潛艦國造計畫正式啟動。
- 二十三日，行政院會通過前瞻基礎建設計畫。
- 二十四日，憲法法庭舉行同婚釋憲案言詞辯論，過程公開直播。
- 二十九日，警消聯盟發起「臺灣警消聯盟三二九遍地開花」，抗議年金改革。

四月

- 六日，川普與習近平會晤。

- 十九日，反年改人士在立法院外發起「四一九反年金改革抗議」，阻止立委進出，爆發衝突。

五月

- 七日，馬克宏當選法國總統。
- 九日，文在寅當選韓國總統。
- 十四日，中國舉辦「一帶一路國際合作高峰論壇」。

- 二十四日，司法院公布《大法官釋字第七四八號》釋憲案，同性婚姻受中華民國憲法保障。

六月

- 一日，川普宣布將退出巴黎氣候協定。

- 十二日，巴拿馬斷交。
- 二十七日，公務員年金改革法案正式完成三讀。

七月

- 十四日，羅冠聰等四名香港立法會議員被裁定宣示無效，失去議員資格。

- 五日，立法院三讀通過《前瞻基礎建設特別條例》。

八月

- 十五日，八一五全臺大停電。
- 十九日，臺北世大運開幕。反年金改革抗議人士包圍會場。

九月

- 八日，賴清德出任行政院長。

十月

- 二十八日，蔡英文展開「永續南島，攜手共好」——二〇一七太平洋友邦之旅，訪問馬紹爾群島、吐瓦魯、索羅門群島。

十一月

- 九日，勞工團體於行政院抗議《勞基法》修法方向。

十二月

- 十八日，川普公布國家安全戰略報告，點名中國、俄羅斯是美國最大對手。
- 二十三日，反《勞基法》修惡大遊行。

二〇一八

一月

- 十日，《勞基法》修正案三讀通過。

三月

- 十一日，中華人民共和國修改憲法，刪除國家主席、副主席不得連任超過兩屆條款。
- 十六日，川普簽署《臺灣旅行法》。
- 十八日，俄羅斯第七任總統大選，普丁連任。
- 二十二日，川普總統公布根據三〇一條款對中國調查結果，認定中國違反智慧財產權，以不正當手段取得技術，並指中國經濟侵略損害美國利益。

四月

- 十二日，烏克蘭宣布退出獨立國協。
- 二十七日，南北韓領導人文在寅與金正恩舉行南北首腦會談，簡稱「文金會」。
- 二十五日，退役軍人團體抗議年金改革，與警方發生衝突，稱為「八百壯士衝突案」。

五月

- 美國與中國發表暫停貿易戰，尋求和解的聯合聲明。
- 一日，多明尼加斷交。
- 二十四日，布吉納法索斷交。

六月

- 十二日，川普與金正恩會晤。
- 十六日，美國公布第一批中國輸美產品的徵稅清單。

七月

- 六日，美國對中國貿易戰第一階段正式開打。美國正式對三百四十億美元的商品加徵收百分之二十五關稅。中國於同日作做出反制措施。
- 農委會宣布口蹄疫疫苗拔針。
- 經濟部成立「投資臺灣事務所」。

八月

- 一日，中國爆發非洲豬瘟疫情。
- 一日，行政法人國家住宅及都市更新中心成立，簡稱「住都中心」。

十一月

- 十七日，法國黃背心運動。
- 三十日，G20 布宜諾斯艾利斯峰會。
- 二十四日，直轄市長及縣市長選舉暨二〇一八年全國性公民投票。民進黨挫敗，蔡英文辭去黨主席。

十二月

- 三十一日，川普簽署《二〇一八亞洲再保證倡議法》。
- 三十一日，金門海岸發現豬屍，檢驗後為非洲豬瘟陽性。

二〇一九

一月

- 二日上午，習近平發表《告臺灣同胞書四十週年紀念談話》。
- 二日下午，蔡英文召開記者會回應習近平的《告臺灣同胞書四十週年紀念談話》。
- 六日，民進黨補選黨主席，卓榮泰當選。
- 十一日，蘇貞昌出任行政院長，組閣。

三月

- 十五日，香港爆發反送中運動。

四月

- 一日，日本公布新年號「令和」。
- 十五日，法國巴黎聖母院大火。
- 十日，中研院參與的國際合作計畫共同發布首張黑洞照片。

五月

- 七日，美國通過「二〇一九臺灣保障法案」。
- 十五日，川普授權美國商務部對華為採取進出口管制禁令，理由為威脅美國國安。中美科技冷戰揭開序幕。
- 十七日，立法院三讀通過《司法院釋字第七四八號解釋施行法》，臺灣成為亞洲第一個同性婚姻合法化的國家。同婚於五月二十四日正式上路。

六月

- 二十八日，G20 大阪峰會。
- 十七日，《公投法》三讀通過。
- 二十三日，立委黃國昌、網紅陳之漢發起「六二三反親中媒體大遊行」。
- 二十五日，衛星福衛七號升空。

七月

- 一日，日本宣布加強對半導體材料出口至韓國的管制。
- 一日，經濟部推出「投資臺灣三大方案」。
- 三日，臺鐵嘉義車站殺警案。
- 十一日，蔡英文展開「自由民主永續之旅」，訪問加勒比海友邦，過境紐約、丹佛。

九月

- 十六日，索羅門群島斷交。

十月

- 二十五日，大韓民國正式宣布放棄在 WTO 中的「開發中國家」地位，進入「已開發國家」行列。
- 二十九日，美國聯邦參議會一致通過《臺北法案》。
- 一日，南方澳跨海大橋斷裂。

十一月

- 八日，行政法人文化內容策進院正式揭牌成立，簡稱「文策院」。
- 十二日，位於苗栗縣竹南鎮首座離岸風力發電場啟用。
- 二十二日，經濟部宣布補償蘭嶼達悟族人，彌補未告知即興建核廢料貯存場的傷害。

十二月

- 一日，中國武漢出現了首宗 COVID-19 感染個案。後爆發為全球疫情。
- 三十一日，《反滲透法》三讀通過。

二〇二〇

一月

- 十五日，美中簽署第一階段貿易協定。
- 二十二日，世界衛生組織首次發布 COVID-19 確診最新資料。
- 二十四日，武漢封城。
- 二十八日，美國聯邦調查局公布哈佛大學教授等三人隱瞞參與中國「千人計劃」，有協助竊取技術嫌疑。涉案科學家後遭開除。
- 三十一日，英國正式脫離歐盟。

- 二日，空軍 UH-60M 黑鷹直升機發生墜毀事故，參謀總長沈一鳴等人殉職。
- 十一日，第十五任總統大選，蔡英文、賴清德當選正副總統。
- 十五日，黃曙光出任參謀總長。
- 二十日，疫情指揮中心成立。二十三日起升級，由衛福部長陳時中擔任指揮官。
- 二十八日，臺灣出現第一例 COVID-19 本土病例。

二月

- 十三日，美國司法部以共謀詐欺與竊取商業機密罪名起訴華為。

- 一日，新任立委就職。游錫堃、蔡其昌為立法院正副院長。
- 二日，準副總統賴清德訪美。
- 六日，實施可持健保卡實名制購買口罩，與入境自主隔離十四天的防疫措施。

三月

- 十三日，美國疫情擴散，川普宣布進入國家緊急狀態。

四月

- 五日，英國疫情擴散，伊麗莎白女王發表特別演說。
- 七日，日本疫情擴散，安倍晉三針對疫情發布緊急事態宣言。十六日，再次發表宣言，緊急事態範圍擴及到全國。

五月

- 二十六日，非裔美國人喬治・佛洛伊德遭警方壓頸致死。後引發大規模抗議。

- 二十日，第十五任正副總統蔡英文、賴清德就職。

六月

- 十七日，美國國防部發布太空防衛戰略。

- 六日，高雄市舉行罷免市長韓國瑜投票，通過罷免。
- 十六日，蔡英文任命蕭美琴為駐美大使。臺灣正式獲世界動物衛生組織大會認證，從口蹄疫區除名。國發會啟動外國專業人才延攬及雇用法修法。
- 二十二日，國內自製空軍新式T-5勇鷹高教機首飛。

七月

- 四日，俄羅斯修改憲法，改變當前總統的任期計算方式，如普丁二〇二四年再次當選，可視為第一任任期。

- 一日，行政院發行振興三倍券。臺灣與索馬利蘭互設代表處。
- 三十日，前總統李登輝辭世。

八月

- 二十八日，日本首相安倍晉三宣布因健康問題辭職。

- 五日，央行公布外匯存底創歷史新高。
- 十五日，高雄市長補選，陳其邁當選。
- 二十五日，台積電宣布在新竹寶山建全球最先進的半導體研發中心與二奈米生產線。

九月

- 十四日，日本自民黨總裁選舉，菅義偉當選，出任首相。

- 蔡英文登上《時代》週刊百大影響力人物專號封面人物。
- 三日，Google臺灣證實將在雲林設第三座資料中心。
- 十七日，美國國務院次卿柯拉克訪臺。

十月

- 一日，農田水利會正式改制為公務機關，現歸屬於農業部農田水利署。
- 十四日，高雄城中城大樓火災。

十一月

- 三日，美國總統選舉。選舉人團後於十二月四日投票，選出拜登、賀錦麗為第四十六任美國正副總統。
- 十五日，亞太十五國簽署「區域全面經濟夥伴關係協定」（RCEP），是目前世界最大的自由貿易協定。

- 十八日，立陶宛宣布設立「駐立陶宛臺灣代表處」。
- 二十日，首屆「臺美經濟繁榮夥伴對話」在美國華府展開。

十二月

- 四日，拜登表示將維持對中國的關稅。
- 二十一日，美國參議院、眾議院通過《臺灣保證法》。
- 二十四日，立法院表決通過進口含萊克多巴胺美豬、三十月齡以上美牛。

二〇二一

一月

- 六日，美國國會大廈襲擊事件。
- 二十日，美國總統就職典禮，拜登、賀錦麗正式就職。
- 八日，內政部公布二〇二〇年人口統計，臺灣人口首度負成長。
- 十二日，衛福部桃園醫院發生群聚感染事件。
- 十六日，桃園市議員王浩宇罷免案投票，罷免通過。

二月

- 六日，高雄市議員黃捷罷免案投票，罷免不通過。

三月

- 二十三日，長榮海運貨櫃船在蘇伊士運河擱淺達六天，影響全球航運。

四月

- 二日，太魯閣號列車出軌事故。
- 十五日，蔡英文接見美國跨黨派代表團。
- 二十二日，世界地球日，蔡英文宣示「二〇五〇淨零」目標。

五月

- 十一日，疫情警戒提升至二級。十九日再提升至三級。
- 十三日，興達發電廠事故，全臺分區輪流限電。
- 十九日，行政院推出簡訊實聯制，幫助疫情管控。

六月

- 柬埔寨人口販賣事件。

七月

- 二十三日，東京奧運開幕。
- 二十三日宣布，二十七日疫情警戒降至二級。

十月

- 四日，日本自民黨總裁選舉，岸田文雄成為日本首相。
- 二十三日，臺中市第二選區立委陳柏惟罷免案投票，罷免通過。

十一月

- 二十日，卡達世界盃足球賽開幕。

十二月

- 十八日，二〇二一年全國性公民投票，共四案，簡稱「四大公投」。

二〇二二

一月

- 九日，臺中市第二選區立委補選，林靜儀當選。臺北市第五選區立委林昶佐罷免案投票，罷免不通過。

二月

- 二十四日，烏俄戰爭爆發。

三月

- 九日，韓國總統大選，尹錫悅當選。
- 一日，美國總統拜登指派的跨黨派資深代表團訪臺。
- 三日，三三全臺大停電事件。
- 國發會公布「臺灣二〇五〇淨零排放路徑及策略總說明」。

四月

- 二十四日，馬克宏連任法國總統。
- 二十七日，取消簡訊實聯制。

七月

- 八日，安倍晉三遇刺。

八月

- 二日，美國眾議院議長裴洛西訪臺。
- 三十日，戈巴契夫辭世。
- 二十二日，臺南殺警案。

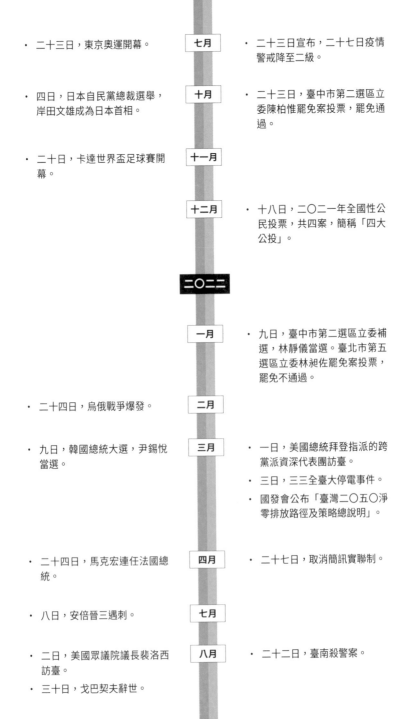

九月

- 八日，英國女王伊莉莎白二世辭世。
- 二十一日，普丁發表全國電視講話，宣布簽署局部動員令。

十一月

- 二十四日，新疆烏魯木齊一處住宅發生火災，因疫情封控影響救援，引發民眾對清零政策不滿。後在中國各地引發被稱為「白紙革命」的抗議行動。
- 三十日，人工智慧聊天機器人ChatGPT上線。
- 二十六日，九合一地方選舉。

十二月

- 七日，中國發布「新十條」，確定放棄清零政策，走向與病毒共存。
- 二十七日，蔡英文正式宣布義務兵役延長方案。

二〇二三

一月

- 十五日，賴清德當選民進黨主席。
- 三十一日，蘇貞昌內閣總辭。陳建仁出任行政院長。

二月

- 四日，美國擊落中國高空氣球。
- 二十日，拜登完成祕密訪問烏克蘭。
- 出現雞蛋荒。

三月

- 二十日，習近平訪問俄羅斯。
- 二十六日，宏都拉斯斷交。
- 二十九日，蔡英文展開「民主夥伴共榮之旅」，前往美國、瓜地馬拉、貝里斯。

四月

- 五日，蔡英文在雷根圖書館會晤美國眾議院議長麥卡錫。

五月

- 十日，臺中捷運塔吊撞擊事故，長期關注人權的法律學者林淑雅不幸罹難。

六月

- 二十三日，瓦格納傭兵集團兵變。
- 二十七日，日本內閣會議通過重新將韓國納入貿易白名單，重享貿易特殊待遇。
- 八日，新北市幼兒園發生疑似兒童被餵食不明藥物事件。
- 十二日，主導 6G 國際標準制定的重要機構 3GPP 在臺北召開第一場 6G 工作會議。

七月

- 二十五日，美國眾議會通過「臺灣國際團結法案」。
- 一日，臺灣養豬業傳統豬瘟疫苗拔針。
- 十六日，陳之漢與黃國昌等人發起「七月十六上凱道，公平正義救臺灣」遊行。
- 二十八日，台積電全球研發中心正式啟用。
- 三十一日，立法院完成三讀通過性平三法修正案。

八月

- 二十四日，日本得到國際原子能機構認可後，向太平洋排放福島核廢水。中國全面暫停日本水產品進口。
- 一日，農委會改制為農業部。
- 七日，臺灣碳權交易所成立。
- 二十日，民間團體發起「還路於民大遊行」。
- 二十二日，環保署改制為環境部。

九月

- 九日，印度 G20 峰會。十日，美國、歐盟、印度、中東國家宣布將建立「印度－中東－歐洲」經濟走廊。
- 二十三日，杭州亞運開幕。
- 二十八日，臺灣第一艘自製潛艦海鯤號舉行下水典禮。

十月

- 七日，巴勒斯坦武裝團體哈瑪斯突襲以色列，以巴衝突爆發。
- 九日，臺灣第一顆自製氣象衛星「獵風者」在南美洲升空。

時代如何轉了彎：蔡英文與臺灣轉型八年

MO 028

作　　者：張惠菁、吳錦勳、李桐豪
責任編輯：王君宇
責任企劃：藍偉貞
整合行銷：何文君、盧彥竹
校　　對：李玉霜

執行總編輯：張惠菁
副總編輯：陳信宏
總 編 輯：董成瑜
發 行 人：裴偉

裝幀設計：顏一立
內頁排版：陳恩安
圖片提供：總統府、鏡週刊（林育緯、林俊耀、李智為、賴智揚、鄒保祥）、何昱泓、Shutterstock

出　　版：鏡文學股份有限公司
114066 臺北市內湖區堤頂大道一段 365 號 7 樓
電　　話：02-6633-3500
傳　　真：02-6633-3544
讀者服務信箱：MF.Publication@mirrorfiction.com

總 經 銷：大和書報圖書股份有限公司
248020 新北市新莊區五工五路 2 號
電　　話：02-8990-2588
傳　　真：02-2299-7900

印　　刷：漾格科技股份有限公司
出版日期：2024 年 1 月初版三刷
I S B N：978-626-7229-90-3
定　　價：450 元

國家圖書館出版品預行編目 (CIP) 資料

時代如何轉了彎： 蔡英文與臺灣轉型八年 / 張惠菁, 吳錦勳, 李桐豪著. -- 初版. -- 臺北市 : 鏡文學股份有限公司, 2023.12　368 面 ; 21X14.8 公分. -- (MO ; 28)
ISBN 978-626-7229-90-3(平裝)
1.CST: 蔡英文 2.CST: 臺灣政治 3.CST: 國家發展 4.CST: 文集
574.33　　112019660